Aging in Place 시대! 명품아파트는 누가 만드는가?

명품아파트의 법칙

명품아파트의 법칙

초판 1쇄 발행 2025년 06월 10일

지은이 김혜진
펴낸이 장현수
펴낸곳 메이킹북스
출판등록 제 2019-000010호

디자인 최미영
편집 최미영
교정 안지은
마케팅 김소형

주소 서울특별시 구로구 경인로 661, 핀포인트타워 912-914호
전화 02-2135-5086
팩스 02-2135-5087
이메일 makingbooks@naver.com
홈페이지 www.makingbooks.co.kr

ISBN 979-11-6791-707-2(03320)
값 18,000원

ⓒ 김혜진 2025 Printed in Korea

잘못된 책은 구입하신 곳에서 바꾸어 드립니다.
이 책의 전부 또는 일부 내용을 재사용하려면 사전에 저작권자와 펴낸곳의 동의를 받아야 합니다.

홈페이지 바로가기

메이킹북스는 저자님의 소중한 투고 원고를 기다립니다.
출간에 대한 관심이 있으신 분은 makingbooks@naver.com으로 보내 주세요.

Aging in Place 시대! 명품아파트는 누가 만드는가?

명품아파트의 법칙

김혜진 지음

"명품아파트는 저절로 완성되지 않는다"
입주자대표회의, 관리사무소, 건설사 및 지자체까지 모두를 위한
대한민국 아파트 공동체 리더십 가이드

메이킹북스

PROLOGUE

"명품아파트는 저절로 완성되지 않는다"

신입사원 이후 현재까지 저는 언제나 제게 주어진 일에 최선을 다했습니다. 하지만 시간이 갈수록 마음속엔 늘 한 가지 질문이 자리했습니다.

"지금 이대로 충분한가?"

남들이 가는 길을 그대로 따르기보다는, 한 걸음 더 나아가기 위한 변화와 도전을 두려워하지 않았습니다. 시키는 일만 하는 삶이 아니라, 무언가를 바꾸는 삶, 그리고 의미 있는 흔적을 남기는 삶을 살고 싶었습니다.

그런 저에게 '아파트 입주자대표회의 회장'이라는 역할은 새로운 도전이자, 인생의 전환점이었습니다. 지난 4년간 5,678세대의 매머드 아파트 단지를 대표한다는 것은 결코 쉬운 일이 아니었습니다. 다양한 민원, 이해관계자 간 갈등, 법적 제약, 예산의 한계, 용역업체 및 관리소 직원들과 소통 등 대기업 시스템과는 구분되는 불합리한 제도와 절차 속에서 하루하루가 전쟁 같았고, 상처도 깊었습니다.

그러나 그 시행착오의 과정이야말로 '배움의 시간'이었습니다. 그리고 결국, 그 모든 경험이 이 책의 시작이 되었습니다.

지금 이 순간에도 전국의 수많은 아파트 단지에서 묵묵히, 그러나 뜨겁게 일하고 있는 분들에게 도움이 되고 싶습니다. 입주자대표회의의 동대표, 자발적으로 참여하는 입주민, 갈등의 최전선에서 고군분투하는 관리소장과 위탁관리회사 실무진들, 악성 민원인과 구청 담당자, 그리고 기축아파트 공사와 서비스를 고민하고 있는 건설회사까지. 이 책으로 수많은 '생활의 리더'들이 함께 나누고 공감하며 새로운 도전에 영감을 받기를 기대합니다.

제가 직접 겪은 실패와 성공의 사례를 통해 누군가는 더 나은 길을 찾을 수 있기를 바랍니다. 그리고 아파트를 단순한 '재산'이 아니라, 함께 살아가는 공간, 공동체의 시작점으로 다시 바라보는 사람들이 많아지기를 바라 봅니다. 명품아파트는 고급 마감재와 화려한 외관만으로 만들어지지 않습니다. 그곳에 사는 사람들이 함께 고민하고, 스스로 나서서 바꾸고, 더 나은 내일을 위해 협력할 때 비로소 명품이 됩니다.

무엇보다 저는 반복되는 갈등과 소송의 고리를 끊고 싶었습니다. 민원에 끌려가는 행정, 갈등을 키우는 대응, 해결보다는 회피를 택하는 구조. 이제는 그 틀에서 벗어나야 합니다.

아파트 안에서 생기는 갈등은 공동체 안에서 풀어야 합니다.서로를 고발하고 소송으로 공격하는 구조에서 벗어나, 더 발전적이고 건설적인 방식으로 함께 문제를 해결해나가야 합니다.

그러기 위해선 제도와 법도 함께 바뀌어야 합니다. 현장의 목소리를 외면하고 과거의 잣대로만 혁신을 억제하는 법과 규정은 이제 시대에 맞게 정비되어야 합니다. 과태료와 행정명령이라는 틀에만 갇힌 대응은 문제를 해결하지 못합니다. 저는 그 틀 안에만 머무르고 싶지 않았습니다. 현장을 누구보다 잘 아는 사람으로서, 이제는 정책과 제도의 방향도 현장의 경험으로부터 다시 설계되어야 한다고 믿습니다.

아파트를 보다 살기 좋은 공간으로 바꾸고자 하는 이들에게, 이 책이 도전의 씨앗이 되고, 실천의 나침반이 되며, 용기의 불씨가 되기를 기대합니다.

2025년 봄, 김혜진

APT

목차

PROLOGUE "명품아파트는 저절로 완성되지 않는다"   004

1장   명품아파트를 향한 앞선 노력

    1. 브랜드 전략은 명품아파트의 시작   013
    2. 지속가능경영은 명품아파트의 기본   016
    3. R&D 투자와 기술 혁신은 명품아파트의 필수   018
    4. 명품아파트가 모여 명품복합도시로   021
    5. 스마트시티로 더 명품아파트답게   025

2장   명품아파트로 가꾸기 위한 끊임없는 도전

    1. 아파트 입주자대표회의 회장으로 시작   033
    2. 아파트 하자보수 소송의 실익 파헤치기   038
    3. 장기수선계획부터 다시 짜기   042
    4. 아파트 트렌드에 맞게 경비방식 바꾸기   050
    5. 커뮤니티 시설 우리도 갖춰보자   057
    6. 아파트 노인정 바로 알기   061
    7. 주차문제 해결과 전기차 충전시설 갖추기   072
    8. 부동산 정책도 바꿀 수 있다   075

3장 리모델링 공사로 명품아파트 완성하기

1. 흉물이 되어 버린 아파트 미술장식품부터 바꾸기   083
2. 7,717대 CCTV 모두 교체하기   091
3. 지하주차장 리모델링은 급선무   094
4. 공동현관을 자동으로 통과하기   099
5. 하나의 앱으로 통합해서 이용하기   103
6. 더 나은 디자인을 위해 고민하다   106
7. 결국, 명품아파트는 거주자가 만든다   109

4장 명품아파트로의 부동한 정책 변화

1. 현재 부동산 정책의 한계   115
2. 부동산 정책의 패러다임 변화   118
3. 그리고 거주자의 역할   122

부록 1. 입주자대표회의 안건처리 현황(총 390개 안건)   127

부록 2. 송파구청 민원접수 현황   153

명품아파트는 누가 만드는가?

1장

명품아파트를 향한 앞선 노력

1. 브랜드 전략은 명품아파트의 시작
2. 지속가능경영은 명품아파트의 기본
3. R&D 투자와 기술 혁신은 명품아파트의 필수
4. 명품아파트가 모여 명품복합도시로
5. 스마트시티로 더 명품아파트답게

1. 브랜드 전략은 명품아파트의 시작

현대건설에 신입사원으로 입사하여 해외건축사업본부에서 입찰 업무를 담당하며 대기업 시스템을 익히고, 업무의 기초를 다졌다. 하지만 동일한 업무 패턴에서 오는 지루함과 회의감이 점차 커지면서, 나는 새로운 도전의 기회를 찾기 시작했다.

그러던 중 마케팅팀 신설 사내 공모에 지원하게 되었고, 그곳에서 주택사업의 상품 기획, 분양가 산정, 마케팅 전략을 담당하게 되었다. 당시 현대건설의 아파트 브랜드는 '현대홈타운'이었으나, 경쟁사에 비해 브랜드 이미지가 약하고 새로운 기술과 트렌드를 반영하기에는 이름에 한계가 있었다. 당시 나는 아파트 분양을 하기 전에 분양성검토를 하며 적정 분양가를 산정하는 업무를 하고 있었다. 상품을 아무리 고급으로 만들어도 현대홈타운이라는 브랜드는 새로운 기술과 트렌드를 담기에는 한계가 있었다.

나는 이 문제의 해결책으로 신규 아파트 브랜드 론칭을 제안했다. 이 도전은 단순히 이름을 바꾸는 것이 아닌, 상품 기획과 서비스, 고객 경험의 모든 접점을 아우르는 브랜드 혁신이었다.

수년간의 준비 끝에, 새로운 아파트 브랜드 '힐스테이트'를 성공적으로 론칭했다. 이는 단순히 아파트 네이밍을 넘어, 프리미엄 브랜드 이미지 강화와 고객의 삶의 질 향상이라는 목표로 현대건설의 주거 사업에 새로운 기준을 제시한 순간이었다. 당시만 해도 브랜드의 개념이 건설회사에서는 생소한 때라 한자 현대면 되지 왜 영어로 아파트 이름을 붙이려 하느냐고 경영층의 반대도 심했었다. 뉴 브랜드의 필요성에 대해 경영층을 우선 설득하고, 그 이후엔 브랜드를 또 네이밍의 관점으로만 바라보다 보니, 눈앞에 보이는 텍스트로만 브랜드를 받아들이는 것이었다. 그러니 선뜻 의사결정이 이루어지지 않았다.

수차례 네이밍 보고의 반복 끝에 접근한 것이 H를 살려 현대 정통성 살리고, 고급 이미지의 상징화를 위해 Hill을 도입하면서 다양한 브랜드 로고와 Hill과 결합한 합성어를 제시하면서 의사결정에 속도가 붙었다. 그러한 단계를 거치니 이젠 단순 네이밍이 아닌 새로운 브랜드 컨셉과 상품의 지향점을 담아내려는 노력이 경영층에도 보여졌고, 그러한 상품 지향점과 맞물러 광고 전략을 제시하면서부터 뉴브랜드 개발에 대한 업무 속도가 빨라졌다.

성공의 핵심은 의사결정자의 눈높이에 맞춰서 보고를 단계별로 진행했던 점이고, 당시 주택 분양 시장의 수분양자 니즈에 맞춰서 브랜드 컨셉과 상품 컨셉을 함께 접근해 나갔다는 데 있겠다. 2006년 당시 고소영이 모델이 되어서 '집에 담고 싶은 모든 가치'라는 광고 카피로 큰 인기를 불러 일으켰다. 이러한 성공적인 경험을 바탕으로 나는 고려대 MBA에서 '현대건설 힐스테이트 아파트 브랜드 개발 사례' 논문을 작성하고 석사 학위를 취득할 수 있었다.

2. 지속가능경영은 명품아파트의 기본

　힐스테이트 브랜드 론칭 이후, 나는 경영전략팀으로 이동하면서 회사의 미래 비전 수립과 중장기 경영전략을 맡게 되었다. 뉴브랜드의 론칭이 1개 사업본부의 미션만으로 끝나는 게 아닌, 현대건설 전체의 이미지 변신이자 전사의 어젠다로 부상되어야 고객 서비스 혁신이 이루어질 수 있다는 뜻에서였다. 당시 주택사업과 관련한 부서가 주택영업본부, 건축사업본부 및 홍보실로 양분되어 있었고, 보다 컨트롤타워의 역할이 중요하다는 제안을 내가 직접 하여 '고객가치팀'을 신설하며 기획조직으로 이동하게 된 것이다.
　특히, 건설업의 한계를 극복하기 위해 지속가능경영 개념을 도입하고, 업계 최초로 지속가능경영 평가 체계를 마련하는 데 앞장섰다.

사회적 책임 경영은 단순한 사회공헌을 넘어, 기업 운영 전반에 걸쳐 환경, 사회, 지배구조(ESG)를 통합하는 전략이었다. 나는 이에 맞춰 새로운 조직인 CSR팀 신설을 제안했고, 이를 통해 지속가능성 평가 지표를 도입해 기업의 장기적인 성장 기반을 다지는 작업을 주도했다.

이러한 변화는 현대건설이 단순한 건설업으로 시공만을 하는 회사가 아닌, 사회적 책임을 다하는 글로벌 기업으로 나아가는 데 있어 중요한 전환점이 되었다. 2009년 국내 기업 최초로 다우존스 지속가능경영지수(DJSI)를 도입하여 2010년에 World 지수에 건설업 최초로 편입할 수 있었던 것이다. 지속가능경영 평가지표 도입의 장점은 매년 회사의 경제, 사회, 환경 지표를 진단함으로써 부족한 영역의 경영 과제들이 손쉽게 도출될 수 있다는 것이다. 미래 신성장 동력 사업을 위한 R&D과제 발굴, 친환경 현장 관리 시스템 도입 및 여성 임원 확대 등 회사의 미래가치를 위한 과제가 매년 도출될 수 있다. 현재까지도 현대건설은 DJSI를 지속가능경영 평가지표로 매년 도입하고 있고 세계 탑의 자리를 유지하고 있다.

3. R&D 투자와 기술 혁신은 명품아파트의 필수

　경영 전략과 CSR 도입을 이끌면서 자연스럽게 미래 준비에 대한 고민이 시작되었다. 결국 나는 회사의 혁신적인 미래를 설계하기 위해 연구개발본부(R&D)로의 이동을 자청했다. 기획본부 안에서 새로운 방향성에 대한 도입이 충분히 이루어졌다고 판단했으며, 회사의 미래를 위해 내가 힘 쏟을 부서가 어디인지 고민했다. 당시 건설회사 내에서 연구개발 조직은 생소했고, 연구개발 조직으로 발령받았다 하면, 뭔가 문제가 있어 발령받았다거나, 한직으로 밀려 가는 이미지가 있던 것이 사실이다. 그러나 나는 아랑곳하지 않고, 나 스스로 필요하다고 판단하여 손 들고 이동하였다.

새로운 조직에서 나는 연구개발본부가 회사의 전략과 얼라인되어 있지 못하고, 연구원들 개인적인 희망으로 본인 희망 분야를 연구하고 있다는 문제점을 지적하였다. 새롭게 R&D전략팀 신설을 제안하고, 최연소 팀장으로 차장 직책임에도 불구하고 팀장으로 임명되었다. 이곳에서 나의 목표는 단순한 현장의 기술을 지원하는 요소 기술 단위의 개발을 넘어서, 회사의 미래 성장 동력을 새롭게 제시하고 회사 내에서 최초로 현대자동차 연구소 조직과 협업하여 스마트시티와 스마트 건설기술전략을 수립하는 청사진을 제시하였다. 뭐든 새롭게 그림 그리는 대로 일이 추진되었다. 회사의 중장기 전략과 얼라인하여 연구소의 중장기 R&D전략을 재수립하였고, 연구소 자체적으로 당시 인더스트리얼 4.0과 건설의 전략을 접목하여 스마트시티와 스마트컨스트럭션의 청사진을 제시하며 로드맵을 수립해 나갔다.

그러한 전략을 이행하려면 글로벌 협력은 필수였으며, 해외 대학과 MOU를 더욱 확대해 나갔다. 국제컨퍼런스를 플랫폼으로 수주유망 국가의 시행사, 시행사 연계 국가 기관, 연구 기관과 제휴하여 공동연구과제를 발굴하며 신규수주에 기반을 다졌다. 마북리에 있는 건설회사 최대 규모의 실험동과 연구 시설들에 글로벌 시행사를 초대하여 투어시켰다. 현대건설과의 신규 사업에 대한 신뢰를 구축할 수 있었으며 회사의 기술력이 글로벌 무대로 부상할 수 있었다. 이 시기는 현대건설 역사상 연구개발본부의 영향력과 위상이 가장 높았던 시기였으며, 나는 기술 혁신과 미래 성장의 중심에 서 있었다.

4. 명품아파트가 모여 명품복합도시로

    나는 새로운 도전의 기회로 용현학익 도시개발사업단에 합류하게 되었다. 이 프로젝트는 3개 시공사인 현대건설, 현대산업개발, 포스코건설이 콘소시엄으로 13,000여 세대인 미니신도시의 대규모 복합도시 개발사업이다. 단순히 건설을 넘어 도시를 창조하는 프로젝트다.

    건설회사에 입사한 이후 본사 업무만 담당하던 나에게 현장 중심의 프로젝트 관리는 새로운 도전이었다. 이 사업에서의 핵심은 명품복합도시 개발이라는 목표 아래 이해관계자들과의 신뢰를 기반으로 문제를 해결하고, 계획대로 사업을 추진하는 것이었다. 그동안 본사에서 전략, 기획, R&D 등 다양한 영역에서 경험을 쌓았지만, 이번 프로젝트에서는 현장 중심의 실질적인 도시개발 책임자로서의 역할을 맡게 되었다. 단순한 업무 수행이 아닌, 도시의 미래를 설계하고, 사람들의 삶에 직접적인 영향을 주는 이 프로젝트는 나의 커리어에서 가장 복합적이고 도전적인 과제였다.

시티오씨엘, 입주자와 함께 만들어가는 성공적인 도시 개발

이 프로젝트에서 특히 중요한 역할은 입주자예정협의회(입예협)와의 소통이었다. 도시가 만들어지는 과정에서 입주자의 목소리를 제대로 반영하는 것이 무엇보다 중요했기에, 나는 입주자들의 입장에서 시공사와 시행사 사이에서 코치 역할도 수행했다.

입예협과의 소통 과정에서 나는 단순히 정보 전달자에 머무르지 않았다. 입주자들이 시공사 및 시행사와 어떻게 협상하고, 어떻게 소통해야 하는지에 대한 전략적 조언을 제공하며 중재자 역할을 수행했다. 이를 통해 입주자의 권익을 보호하면서도 사업의 원활한 추진을 도울 수 있었다.

특히, 시티오씨엘 1단지 입주 시기에는 이 소통의 힘이 빛을 발했다. 아파트의 가치를 높이기 위해 다양한 전략적 홍보 활동을 주도했다.

이러한 노력의 결과, 입주 지정 기간 60일 만에 95% 이상의 입주율을 기록하며 역대급으로 빠른 입주 성과를 달성했다.

그 과정에서 나는 입주자예정협의회로부터 감사패를 받았으며, 구청장 초청 아파트 점등식에서는 VIP로 초대받는 영예를 누리기도 했다. 1단지 송년회에도 초대받아 입주자들과 직접 축하의 자리를 함께하며 신뢰의 관계를 다질 수 있었다. 이는 단순한 업무 성과 이상의 사람과 사람 사이의 진정성 있는 연결이 만들어낸 결과였다.

도시를 창조하는 리더로서의 사명감

용현학익 도시개발 프로젝트는 나에게 있어 단순한 직무 수행 이상의 의미였다. 입주자와의 소통, 이해관계자와의 협업, 도시 브랜드 구축, 그리고 프로젝트 전반의 리더십 발휘까지, 도시개발의 모든 순간이 내 성장의 무대였다.

입주자예정협의회와의 성공적인 협업을 통해 얻은 성과는 단순한 업무 처리 능력을 넘어, 사람과의 신뢰 속에서 만들어낸 진정한 성공의 모델이었다.

이 과정에서 나는 명확히 깨달았다. 도시개발은 단순히 건물만 짓는 것이 아니라, 사람들의 삶의 질을 높이고, 공동체의 가치를 실현하는 과정이라는 것.

이 프로젝트에서 얻은 교훈과 경험은 앞으로 내가 마주할 모든 도전에 있어 확고한 성장의 밑거름이 될 것이다.

시티오씨엘은 나에게 도시를 만드는 리더로서의 사명감을 심어주었고, 이 도시의 발전과 성공은 곧 나의 성장과도 맞닿아 있다.

나는 지금도 확신한다. 앞으로도 나는 더 나은 도시를 만들기 위해 도전하고 성장할 준비가 되어 있다.

5. 스마트시티로 더 명품아파트답게

　4차 산업혁명 시대에 접어들면서 도시의 개념은 급격히 변화하고 있다. 더 이상 도시는 단순한 주거와 상업, 공공시설이 모여 있는 공간이 아니다. 디지털 기술과 정보통신기술(ICT)이 융합된 스마트시티는 새로운 경제 성장의 동력이자, 지속 가능한 발전을 위한 필수적인 도시 모델로 자리 잡았다.

　스마트시티가 주목받는 가장 큰 이유는 지속가능성(Sustainability)과 삶의 질 향상(Quality of Life)에 있다. 기후 위기, 자원 고갈, 도시 인구 증가 등의 문제는 기존 도시 시스템으로는 해결이 불가능하다. 따라서 에너지 절약, 환경 보호, 스마트 교통, 자원 순환 등 혁신적인 기술과 전략이 도시 전반에 적용되어야 한다.

이러한 변화의 중심에서 건설업이 해야 할 일은 단순히 물리적 구조물을 짓는 것이 아니다. 미래 도시는 데이터 기반의 도시 운영, 친환경 인프라, 주민 참여형 거버넌스 등으로 운영되어야 한다. 이는 도시 전체가 하나의 유기체처럼 작동해야 가능한 일이다. 이러한 관점에서 스마트시티 구축은 단순한 기술 개발을 넘어 새로운 도시 생태계 창조의 시작점이 된다.

스마트시티 연구의 시작 – 논문으로 실현한 비전

이러한 흐름 속에서 나는 박사 학위 논문을 통해 "건설기업의 스마트시티 역량 평가지표 개발 연구"를 진행했다. 연구의 핵심은 건설기업이 스마트시티를 성공적으로 추진하기 위해 갖추어야 할 역량이 무엇인가에 대한 체계적인 분석이었다. 2015년에 고려대 기술경영대학원 박사과정(MOT)에 입학했으나, 논문 주제를 정하지 못한 채, 수업만 듣고 수료로 마쳤다. 그 이후 서울벤처대학원대학교의 융합산업학과에 '스마트시티융합기술경영' 전공을 박인규 원장으로부터 소개 받고 박사편입 후 황찬규 교수님의 도움으로 논문을 작성하고 2024년에 박사 학위를 취득하게 되었다.

기존 연구들이 주로 기술적 측면에 집중했던 것과 달리, 나는 건설기업이 스마트시티 조성 과정에서 전략적 경영 역량, 사회적 책임, 조직 역량, 기술 혁신성 등 다양한 영역에서 종합적인 경쟁력을 갖춰야 한다고 판단했다.

논문에서 도출된 스마트시티 역량평가 모델은 크게 네 가지 핵심 요소로 구성되었다.

1) 전략적 비전과 리더십

기업이 스마트시티 개발에 대한 명확한 비전과 전략을 가지고 있어야 한다. 이는 기업 전체의 역량을 하나의 목표로 통합시키는 핵심적인 요소다. 단순히 기술 개발을 넘어서, 새로운 도시 모델을 설계하고 운영할 수 있는 리더십이 요구된다.

2) 조직 역량과 인재 육성

스마트시티는 기술 전문가만으로 구축될 수 없다. 다양한 분야의 융합적 사고를 지닌 인재가 필요하며, 이를 위한 조직적 지원 체계와 교육 시스템이 필수적이다.

3) 기술 혁신과 연구개발 역량

스마트시티의 성공은 혁신 기술의 실용화에 달려 있다. 특히 데이터 기반 인프라, 친환경 에너지 시스템, 스마트 교통망 등 다양한 기술이 융합되어야 하며, 이에 대한 선제적 투자와 연구 개발이 필수적이다.

4) 사회적 책임과 지속가능성

ESG(환경, 사회, 지배구조) 경영이 스마트시티의 핵심 요소로 자리 잡고 있다. 건설기업은 지역사회와의 상생, 환경 보호, 지속 가능한 개발 전략을 수립하고 실행할 책임이 있다.

이 논문은 단순한 학문적 연구가 아닌, 앞으로의 도시개발과 건설산업이 나아가야 할 새로운 방향성을 제시한 결과물이었다. 기존 건설업의 패러다임을 넘어 지속 가능하고, 사람 중심적이며, 기술 혁신에 기반한 도시를 만들어가는 전략이 필요하다는 명확한 비전을 제시한 것이다.

25년간 현대건설에서 근무하며, 나는 명품아파트의 본질에 대해 깊이 고민했다. 브랜드 론칭, 지속가능경영 도입, 기술 혁신, 대규모 도시개발 프로젝트까지, 건설업의 최전선에서 명품 주거 공간을 만드는 다양한 시도를 해왔다. 그러나 이러한 경험을 통해 깨닫게 된 가장 중요한 진리는, 결국 명품아파트를 완성하는 것은 '건물'이 아니라 '사람'이라는 점이었다.

아무리 뛰어난 건축 기술과 혁신적인 설계가 적용된 아파트라도, 거주자들의 관심과 노력이 없다면 그 가치는 점점 퇴색될 수밖에 없다. 반대로, 기본적인 하드웨어가 다소 부족하더라도 거주자들이 공동체를 형성하고 함께 노력한다면, 그곳은 시간이 지나며 더욱 살기 좋은 공간으로 변모할 수 있다. 명품아파트는 거주자의 의식과 참여에 따라 진정한 가치를 발휘하는 공간이다.

이러한 깨달음은 나를 자연스럽게 새로운 도전으로 이끌었다. 단순히 좋은 아파트를 짓는 것을 넘어, 입주자와 함께 더 나은 주거 환경을 만들어가는 것이야말로 진정한 명품아파트를 완성하는 길이라는 확신이 들었기 때문이다.

그렇다면 나는 이 원칙을 실천하기 위해 무엇을 했을까?

2장에서는 내가 직접 거주자들과 함께하며, 명품아파트를 만들기 위해 시도한 다양한 활동과 노력을 이야기해 보고자 한다.

명품아파트는 누가 만드는가?

2장

명품아파트로 가꾸기 위한 끊임없는 도전

1. 아파트 입주자대표회의 회장으로 시작
2. 아파트 하자보수 소송의 실익 파헤치기
3. 장기수선계획부터 다시 짜기
4. 아파트 트렌드에 맞게 경비방식 바꾸기
5. 커뮤니티 시설 우리도 갖춰보자
6. 아파트 노인정 바로 알기
7. 주차문제 해결과 전기차 충전시설 갖추기
8. 부동산 정책도 바꿀 수 있다

1. 아파트 입주자대표회의 회장으로 시작

2021년 2월, 아파트 엘리베이터 안에는 외벽 도색 시안이 게시되어 있었다. 그런데 그 옆에는 각종 소송 공고문과 아파트 운영 관련 안내문이 덕지덕지 붙어 있어 마치 법원 게시판을 연상케 했다. 별다른 관심 없이 서 있던 내게, 둘째 도윤이가 툭 던진 한마디가 나를 움직이게 했다.

"엄마, 이거 촌스럽게 칠하려고 하는 거 같은데, 엄마가 한번 봐봐."

"엄마가 건설회사 다니잖아, 어떻게 좀 해봐."

나는 아들이 가리킨 도색 시안을 자세히 들여다봤다. 어디선가 본

듯한, 아니, 어디에나 적용해도 무난하지만 전혀 개성이 없는 흔한 디자인이었다. 이게 과연 우리 아파트의 가치를 높이는 선택일까? 의문이 들었다. 바로 관리사무소에 전화를 걸어 시안에 대한 의견을 내고 싶다고 했더니, 관리소장의 대답은 의외였다.

"대표님, 동대표로 나오세요. 아파트 발전을 위해 함께해주세요."

뜻밖의 제안이었지만, 거절할 이유가 없었다. 나는 본업이 건설업이고, 그동안 다양한 프로젝트를 맡아왔기에 아파트 운영과 유지 관리에도 관심이 많았다. 마침 인천에서 출퇴근하던 시기라 업무 강도가 전보다 높지 않아 동대표로 참여해볼 여유도 있었다. **'그래, 내가 사는 곳인데 직접 나서보자'**라는 생각으로 흔쾌히 동대표직을 수락했다.

단순 동대표가 아니라, 회장이 되어야 했다

하지만 동대표로 등록하자마자 뜻밖의 연락이 왔다. 관리소장과 노인정에서 회장으로 출마해달라는 요청이 온 것이다. 처음에는 망설였다. 동대표로 참여하는 것도 큰 결정이었는데, 회장까지 맡는 건 부담이 컸다. 하지만 **'어차피 하기로 한 거라면 제대로 해보자'**는 마음이 들었다. 단순히 의견을 내는 것보다는 직접 변화를 주도할 수 있는 위치에 서는 것이 낫겠다고 판단했다.

그렇게 출마를 결정했지만, 나 말고도 한 명의 후보가 있었다. 경선이 이루어졌고, 입주민들의 선택은 나, 젊은 여성, 그리고 건설 전문가였다. 상대 후보는 은퇴한 연령대의 남성이었고, 입주민들은 **"이번에는 새로운 변화가 필요하다"**며 내게 전폭적인 지지를 보내주었다.

그렇게 나는 아파트 입주자대표회의 회장으로 당선되었다.

멈춰 있던 도색 공사를 다시 움직이다

회장으로 당선되었지만, 아직 임기가 시작되지 않은 시점이었다. 그런데 문제는, 도색 공사가 이미 몇 달째 멈춰 있었다는 것이었다. 기존 동대표들이 최종적으로 결정한 시안이 있었지만, 일부 입주민들의 반대로 인해 공사가 시작되지 못하고 있었던 것이다. 그야말로 올 스톱 상태.

이대로라면 공사는 언제 끝날지도 알 수 없었다.

나는 기존 6기 회장, 반대 민원을 제기한 입주민 대표 2명, 그리고 이제 새롭게 7기 회장이 될 나까지 TFT(Task Force Team)를 구성했다. 그리고 도색업체 관계자들을 불러 대책회의를 열었다.

"입주민 투표를 다시 진행하는 건 시간이 너무 오래 걸립니다. 지금까지 논의된 내용을 바탕으로, TFT에서 결론을 내리는 것이 가장 현실적인 해결책입니다."

의견은 분분했다. 일부 민원인들은 **"2008년 아파트 신축 당시의 원래 색상이 가장 좋았으니 그대로 유지하자"**는 입장이었고, 도색업체는 이미 발주된 페인트 물량이 있어 색상을 바꾸는 것은 어렵다고 했다. 여러 의견이 충돌하는 상황에서, 나는 타협점을 찾아야 했다.

도색업체에 대체 시안을 여러 개 준비해오도록 요청했다. 그렇게 나온 다양한 시안을 분석한 후, 나는 기존 디자인보다 조화롭고 깔끔한 느낌을 강조한 최적의 안을 선택했다. 원래 계획보다 지나치게 튀지도 않으면서도, 지금보다 훨씬 세련된 분위기를 연출할 수 있는 디자인이었다.

이 시안을 TFT가 최종 승인했고, 도색 공사는 마침내 재개되었다. 그렇게 우리 아파트의 새로운 외관이 완성될 수 있었다.

이 과정에서 나는 다시 한번 확신했다. 아파트의 모습은, 결국 그곳에 사는 사람들이 만들어가는 것이라는 사실을.

처음에는 단순히 엘리베이터에서 본 도색 시안 하나가 마음에 들지 않았을 뿐이었다. 하지만 그 작은 관심이, 결국 나를 동대표로, 더 나아가 회장으로 이끌었고, 우리 아파트의 실제 변화를 만들어낼 수 있었다.

여러분도 아파트를 명품아파트로 만들고 싶다면, 남이 알아서 해주길 바라기보다는 직접 참여해보는 것은 어떨까? 동대표로, 입주자대표회의로, 혹은 작은 공동체 활동부터라도 말이다. 처음에는 귀찮고 어렵게 느껴질 수도 있다. 하지만 직접 나서서 변화를 만들고, 그 결과를 눈으로 확인할 때, 그만큼 보람 있는 경험도 없다.

나는 내 아들에게도 말해주었다.

"도윤아, 엄마가 건설회사 다녀서 아파트를 예쁘게 칠한 게 아니라, 엄마가 직접 나서서 바꾼 거야. 이런 게 진짜 중요한 거야."

아파트는 그냥 시간이 지나면 좋아지는 곳이 아니다.

우리가 함께 노력할 때, 비로소 살고 싶은 공간, 자랑스러운 공간이 된다.

그 변화의 시작, 여러분도 한번 해보지 않겠는가?

당초 시안

변경 시안

2. 아파트 하자보수 소송의 실익 파헤치기

하자보수 소송의 어두운 그림자

잠실엘스 아파트는 10년 동안 소송에 휩싸였다.

우리 아파트는 준공 5년 차인 2013년, 현대건설, 현대산업개발, 대림산업, 삼성물산 등 4개 시공사를 상대로 하자보수 소송을 제기했다. 당시 법무법인들이 브로커 역할을 하며 아파트 하자 소송을 적극 유도하던 시기였고, 잠실엘스 역시 그들의 표적이 되었다.

결과적으로 소송을 통해 아파트 통장에 들어온 판결금의 약 30%가 성공보수금과 소송 대납 비용으로 빠져나갔다. 건설사들은 소송

판결금을 내고 하자 문제를 종결했지만, 입주민들은 정작 제대로 된 하자보수를 받지 못한 채 변호사와 법무법인만 배불려 주는 꼴이 되었다.

소송이 남긴 것은 무엇인가?

잠실엘스의 소송 사례를 보면, 하자보수 소송이 입주민들에게 어떤 결과를 초래하는지 명확하게 알 수 있다.

- 2013년, 3기 입주자대표회의는 특정 법무법인과 계약을 체결하고 하자보수 소송을 진행했다.
- 수년간의 법적 공방 끝에 2023년 가을, 10년 만에 소송이 마무리되었다.
- 그러나 아파트는 소송 과정에서 발생한 성공보수 채권과 대납 소송비용 채권을 제3자에게 양도하게 되었고, 결국 판결금을 수령하지 못하는 사태가 발생했다.
- 법률 대리인인 박** 변호사는 판결금을 공제하고 임의로 취득하는 업무상 횡령, 배임, 사기 사건을 저질렀고, 결국 유죄 판결을 받았다.

- 5억 원의 손해배상 판결이 내려졌지만, 그는 이미 재산을 빼돌린 상태였고, 아파트는 한 푼도 돌려받지 못했다.
- 10년 동안 하자보수는 이루어지지 않았으며, 소송 비용으로 수억 원이 빠져나가고, 입주민들의 시간과 돈만 낭비되었다.

이것이 현실이다. 건설사는 소송을 통해 손쉽게 하자 문제를 종결시키고, 법무법인과 브로커는 거액의 수수료를 챙긴다. 반면, 입주민들은 하자보수도 받지 못한 채 소송 비용 부담만 떠안는다.

현재도 계속되는 하자보수 소송, 그리고 교훈

2023년 11월 기준, 주요 8개 건설사를 상대로 제기된 하자 소송 건수는 128건, 총 소송가액은 4,374억 원에 달한다. 이는 전년 대비 30% 증가한 수치다. 그러나 이런 소송이 과연 입주민들에게 실질적인 이익을 주는가?

잠실엘스 사례에서 보듯, 하자보수 소송은 입주민에게 장기적인 소송 부담과 경제적 피해를 남길 뿐이다. 하자 소송을 통해 직접 이득을 보는 주체는 따로 있다. 바로 하자진단업체, 법무법인, 그리고 하자소송 브로커들이다. 이들은 입주민들에게 하자 소송을 적극 권유하며, 소송을 통해 수수료와 비용을 취득한다. 하지만 결과적으로 입주민들은 10년 넘게 소송에 휘말리고, 하자보수를 제대로 받지도 못한 채 끝나버린다.

하자보수 소송, 신중하게 접근하라!

하자보수 소송을 무조건적으로 추진하는 것은 입주민에게 독이 될 수 있다. 하자보수 문제를 해결하려다 오히려 더 큰 경제적 부담을 떠안게 되는 경우가 많다.

잠실엘스의 사례는 우리에게 강력한 경고를 준다. 10년의 소송 끝에 남은 것은 하자보수도, 보상금도 아닌 입주민들의 피해뿐이었다. 입주민들은 하자보수 소송의 실상을 제대로 인식하고, 감정적인 접근이 아닌 신중하고 전략적인 접근을 해야 한다.

소송을 통해 건설사와 법무법인만 배불리는 행위를 이제는 멈춰야 한다!

3. 장기수선계획부터 다시 짜기

 공동주택관리법에 따라 300세대 이상인 아파트라면 3년마다 정기 조정을 해야 하며, 입주자대표회의 의결로 3개년 공사계획과 예산을 수립할 수 있다. 그러나 필요할 시에는 소유주 과반수 이상의 동의 절차를 거쳐 수시조정을 할 수 있다.
 내가 입주자대표회장으로 선임된 21년 4월엔 이미 정기조정 시기가 지나 수시조정을 해야 하는 시기였다. 현실적으로 소유주 과반수 이상의 동의를 받기란 쉽지 않았다. 잠실엘스의 소유주가 직접 거주하고 있는 비율은 50% 전후로, 동의를 받으려면 50% 소유주가 모두 동의하거나 거주하지 않는 소유주를 찾아 해당 거주지로 우편을 보

내 동의를 받아야 하는 실정이었다.

당시 아파트는 하자보수소송을 진행하여 연차별로 시공사로부터 하자보수를 받지 못하고 있었다. 또한 하자보수소송 이후 소송대리인 변호사와 분쟁이 생겨, 변호사성공보수금이 이중으로 인출되는 등, 아파트의 기본적인 시설관리 및 하자보수 상태는 매우 낙후된 상태였다. 단지 내에서 끊이지 않던 소송 이야기는 앞에서 상세히 설명했다.

아파트 외벽도색공사 이야기

2021년엔 아파트 외벽도색과 옥상방수공사가 이미지 계약 체결되었으나, 결정된 도색 시안에 대한 불만으로 입주민 간의 갈등과, 입대회 및 공사업체간의 의견 조율이 안 되고 있었다.

4월부터가 회장 취임이었으나 그 전에라도 문제 해결이 되어야 했기에 '잠실엘스 외벽도색 TFT'를 만들어 21년 3월에 6기 회장, 새로운 민원을 제기한 입주민 대표 2명 그리고 내가 함께 합류하여 공사업체를 불러 새로운 시안을 ALT로 가져오게 했다. 준공 당시의 색채로 돌아가자는 의견, 고급 아파트 트렌드에 따라 그레이 컬러로 가야 한다는 의견, 시범동에 칠한 색이 시꺼먼 공장 같다는 등 의견은 너무 분분하게 갈라져 있었다.

이미 발주된 페인트 색상과 물량을 고려하여 새로운 색채 변경보다는 패턴을 다르게 하여 최대한 단순화하여 안을 정리한 후, TFT에서 결정을 내린 후 전문적으로 설명을 하여 입주민들과 소통하고 설득하는 방법밖에는 없었다. 다행히 입주민들께서 호응해주었고, 공사업체도 수용하여 신속하게 공사는 착수할 수 있었다. 현재 잠실 인근에선 선도적으로 외벽 도색이 진행되었고, 인근 리센츠 단지에서도 우리 아파트를 모방하여 유사하게 칠을 완료하였다.

장기수선계획 수시조정 실패 이야기

지하 2개 층으로 지하주차장이 설계되었고, 5678세대, 72개동을 4개 시공사로 구분된 단지(현대산업개발, 현대건설, 삼성물산, 대림산업개발)이긴 하나 지하주차장이 모두 1통으로 연결되어 있고, 동문에서 서문으로 500~600m로 긴 주도로가 관통하여 해당 동으로 찾아가기가 쉽지 않은 대단지이다. 가장 이슈는 4개 시공사별 조인트 구간의 누수, 오랜 차량 사용으로 인한 생활누수로 바닥에 크랙이 심하여 차량으로 낙수되어 차량 피해가 반복되고 있는 상태였다.

지하주차장 에폭시 바닥 공사는 급선무로 진행되어야 했으며, 지하주차장의 공동현관은 예전 미닫이 방화문으로 오랜 사용 흔적이 묻어나 택배 차량으로 인한 심한 파손으로 정상적으로 개폐 기능이 안 되고 있었다. 또한 CCTV도 20만 화소 수준의 2008년 준공 당시의 기술 사양이 15년이 지난 동일하게 적용되고 있어 입지만 좋았지 실제 시설은 너무 낙후되어 있었다.

장기수선계획을 수정하여 지하주차장 리모델링 수준의 공사는 필수적이라 판단하여 계획을 수정했으나, 당시 장기충당금으로 그대로 적립해서는 필요 공사를 하기엔 부족하여 당시 m²당 100원이었고, 200원으로 인상하는 것을 목표로 하였지만 7기 임원회의 시 반대 의견이 많아, 관리비가 높아지는 것에 대해서는 극도로 반대하는 분위기였기에 m²당 180원으로만 인상을 조정했다.

어렵게 의결을 받고, 3개년 공사 항목과 예산을 변경하여 수시조정을 하기로 22년 1월에 의결하였다. 사전에 21년 7월에 장기수선계획에 대한 조정 작업을 위한 용역을 의뢰하기로 진행을 하였다. 장충금 인상과 3개년 공사항목에 대해서 절차대로 입대회 의결을 받고, 소유주 과반수 이상 찬성 절차를 밟기 위해 22년 5월에 해당 안건을 통과시키고 관련 자료를 인쇄하여 5,678세대가 모두 볼 수 있게 만들어 배포하였고, 단지 내에 거주하시는 소유자에게만 동의를 받기에는 수적으로 한계가 있어 엘스에 거주하지 않는 분들에게도 우편물을 보내고 동의 절차를 진행하기 위해 22년 9월에 비용 지출에 대해서도 의결하였다. 모든 절차를 마치고, 소유자 동의도 50%에 육박하던 시점에, 22년 9월 송파구청에서 연락이 왔다. 악성 민원인은 현재까지 진행된 절차도 모두 알고 있었고, 소유주 과반수 이상 동의 절차도 모두 알고 있었던 타이밍이었다. 정확히 성공을 눈앞에 앞둔 타이밍에 민원이 접수된 것이다. 아직도 그때를 잊을 수가 없다. 3개년 장기수선계획을 세운 예산이 실제 장충금 적립금보다 많으므로 과도한 계획이라는 게 지적사항이었다.

구청에 소명을 한 내용은, 어차피 모든 공사는 최저가경쟁입찰을 통해 진행될 것이라 예산 밑으로 공사금액이 들어올 것이고, 아파트 통장에 장충적립금이 확인되지 않으면 입찰 공고를 할 수도 없는 것이 현실적인데, 현재의 계획된 예산만으로 문제가 있다고 시정명령을 내리는 것은 옳지 않다고 이의를 여러 차례 제기하였다. 그러나 구청은 원칙론만 제시하며 행정명령을 내렸다.

입주민들께서 동참하여 소유주 과반수 이상의 동의를 잠실엘스 아파트 최초로 전자투표 받았는데, 장기수선계획이 수포로 돌아가게 된 것이다. 이때는 정말 절망적이었다. 어디라도 숨고 싶었고 회장을 당장이라도 그만두고 싶었다. 오랫동안 열심히 준비해 온 과정이 1명의 악성 민원인으로 인해 수포로 돌아가는 것은 내 자존심상 감당하기가 너무 힘들었다. 불합리한 송파구청의 태도와 악성 민원인의 입장만 고수하며 유연함이라고는 전혀 없는 송파구청이 너무 원망스러웠다. 이런 이슈로 수시조정은 포기했고, 23년의 정기조정을 준비하기로 마음 먹었다.

송파구청에서 장충금 적립금이 3개년 장기수선계획의 예산대비 부족하다는 행정명령을 계기로 세대별 m²당 장충적립금을 현실적으로 인상하기 위해 m²당 180원을 360원으로 인상이 불가피하다는 내용을 만들고 22년 11월에 인상안에 대해 바로 안건을 수립 의결시켰다.

장기수선계획 정기조정 성공 이야기

나의 7기 입대회장으로서의 임기는 23년 4월로 종료다. 2년만 봉사하고 그만하겠다는 생각으로 시작은 했으나, 막상 2년 동안 아파트를 변화시키기에는 시간이 너무 모자랐다. 관리비가 오를까 봐 반대하는 동대표들과 악성 민원인 덕분으로 업무의 속도가 나지를 않았다. 가시적인 공사가 이루어지지 않았던 터라 나 역시 아파트 회장 업무를 마치기엔 아쉬움이 있었다. 당시 직방 앱에서 '종합운동장 MICE 복합교류사업'에 대한 사업의 속도가 나지 않았고, 우선협상자가 정해졌음에도 서울시의 돔야구장 계획변경 건으로 사업은 더 지연되고 있었다. 직방의 입주민라운지에서 한 입주민이 내게 공격을 시작했다. 내가 현대차그룹에서 전략적으로 잠실엘스에 배치하여 MICE 사업에 유리하게 의사결정을 돕고 있으며, 현대차 공공기여 사업 관련 전략 투입 인물이라는 모함의 글이 돌았다. 입주민들은 오히려 나를 옹호하며 진실하게 회장 업무를 보는 사람이라고 오히려 이슈화가 되면서 자연스럽게 8기 회장 연임의 목소리가 많아져 자연스럽게 8기 회장 후보로 홍보가 되었다.

8기 회장으로의 후보 공약은 지하주차장 리모델링이 1번이었다. 지하주차장의 천장 방수, 도색, 바닥 에폭시를 기본으로 오랫동안 입주민 불편을 야기했던 로비폰의 공사와 매번 택배차량으로 파손된 지하주차장 방화문을 유리 슬라이딩 도어로 바꾸는 부분, 그리고 어두웠던 지하 주차장을 친환경 LED로 교체하는 부분까지, 이건 지하주차장 리모델링을 위해 어느 하나 포기할 수 없던 공사들이었다. 드디어 정기회의에 장기수선계획 정기조정의 안건은 통과되었고, 3개년간 공사 범위에 따라 세대별 장충금 인상액을 차등시켜 alt 1~3까지 안을 만들어, 중심화 경향을 예상하여 alt 2인 m² 360원 안으로 통과시켰다.

관리규약에 장충금 이산된 부분을 반영시켜야 했기에 입주민 등(세입자 포함) 과반수 동의 절차를 거쳐 장충비는 인상되었다. 안타깝게도 예산의 한계로 지하주차장 1층만 장충계획에 반영할 수 있었고, 지하 2층은 계획에 반영하지 못했다.

그나마 기대하고 있었던 하자보수 판결금이 25억 수준으로 남아 있었으나, 그걸 쓰기 위한 과정도 험난했다. 전유 부분의 판결금을 하자보수에 동의한 세대들에게 배부해야 했고, 공용 부분과 세대 공통 부분에 대해 하자보수 판결금으로 공용 부위 공사를 할 수 있는데, 판결금에 명시된 하자 부위 내역으로만 공사해야 한다는 주장으로 이것을 진행하기도 매우 어려웠다.

4. 아파트 트렌드에 맞게 경비방식 바꾸기

아파트의 경비 방식도 시대에 따라 큰 변화를 거쳐왔다. 1980년대부터 2000년대 초반까지는 라인별 경비 시스템이 일반적이었다. 각 동별로 전담 경비원이 배치되어 출입문을 지키고, 단지 내 순찰을 하며 입주민들과 직접 소통하는 방식이었다. 하지만 이러한 방식은 인건비 부담이 크고, 효율성이 떨어지는 문제가 있었다.

2000년대 중반부터는 보다 효율적인 초소형 경비 체제가 도입되었다. 각 동에 배치되던 경비원을 줄이고, 주요 지점에 초소를 설치하여 감시 업무를 수행하도록 한 것이다. CCTV 감시 시스템이 도입되면서 경비원의 순찰 업무가 줄어들고, 경비 초소에서 출입 통제를 담당하는 방식으로 변화했다. 그러나 초소형 경비 체제는 긴급 상황 발생 시 즉각적인 대응이 어렵고, 순찰 빈도가 줄어드는 문제가 있었다.

2010년대 후반부터는 통합 경비 시스템이 등장하며, 스마트 경비 체제로 전환되기 시작했다. AI 기반 감시 시스템, 스마트폰을 이용한 출입 통제, 무인 경비 시스템 등이 도입되면서, 기존의 경비 방식이 점차 자동화되고 있다. 이러한 변화는 보안 강화를 위한 것이기도 하지만, 인건비 절감과 효율적인 운영을 위한 필수적인 흐름이기도 하다.

결국, 아파트의 경비 시스템은 비용 절감, 보안 강화, 운영 효율성 증가라는 목표 아래 변화해왔으며, 앞으로는 AI 기반 무인 경비 시스템이 더욱 확대될 가능성이 크다. 변화하는 주거 환경에 맞추어 경비 방식도 점점 스마트하고 체계적으로 발전하고 있는 것이다.

새로운 기술, 변화하는 시대 그리고 뒤처지는 규제

내가 회장이 된 2021년, 관리비 최소화 운영을 목표로 1년 단위의 청소 및 경비 용역 계약을 진행하고 있었다. 1년 단위로 계약을 체결하면 연월차 수당과 퇴직금을 지급하지 않을 수 있었기 때문이다. 그러나 이러한 방식은 지속 가능한 해결책이 아니었다. 대부분의 경비원과 청소원은 70세 이상의 고령자였고, 매년 다른 단지를 떠돌며 일하는 그들에게는 아파트에 대한 애정도, 책임감도 기대하기 어려웠다. 이는 아파트의 보안과 관리 수준을 저하시키는 악순환으로 이어졌다.

아파트의 장기적인 발전을 위해 관리규약을 개정하고, 계약 기간을 입찰 내용에 따라 유연하게 조정할 수 있도록 했다. 이를 위해 입주자대표회의의 의결을 거쳐, 5,678세대 중 과반수인 2,839세대 이상의 동의를 얻어야 하는 대대적인 개정 작업이 필요했다. 관리규약 개정 후, 우리는 보다 효율적인 보안 시스템 구축을 위해 통합경비시스템 도입을 추진했다.

당시 인근 리센츠 아파트 역시 경비 방식을 통합형으로 변경하고 있었고, 우리는 같은 방식으로 입찰을 진행했다. 기존 인력 중심의 경비 시스템에서 벗어나 360도 카메라, AI 로봇 순찰대, 바디캠, 순찰용 오토바이, 지상 사각 위험지역 보안 조명 강화, 지하주차장 보안 조명 강화 등 보안 장비를 적극 도입하고, 경비원의 수를 시스템 경비 조건에 맞게 조정하여 운영 효율성을 극대화하는 방식이었다.

변화에 저항하는 기득권과 낡은 규제

그러나 변화는 언제나 저항을 동반한다. 새로운 경비 시스템 도입을 추진하는 과정에서 민원들이 쏟아졌다. 기존 인력경비회사들의 반발, 그리고 단지 내에서 오랫동안 고착화된 악성 민원인들의 저항이 거셌다. 그들의 논리는 단순했다. 경비비 항목에 포함되는 시스템 경비 비용이 실질적으로는 아파트의 자산으로 간주될 수 있으므로, 장기수선충당금(장충금)에서 지출해야 한다는 것이었다. 그들은 송파구청에 지속적으로 민원을 제기했고, 구청은 이들의 주장에 따라 아파트에 시정명령과 과태료 부과를 예고했다.

그러나 나는 그 과태료를 단순히 받아들일 수 없었다. 시대가 변하고 기술이 발전하는데, 왜 행정기관은 여전히 과거의 규정과 기준만을 답습해야 하는가? 신축 아파트들은 날로 첨단화되어 가는데, 기축 아파트는 단지 오래되었다는 이유로 기존 방식에 갇혀 있어야 하는가?

나는 경비회사를 통해 법무법인과 계약을 맺고, 송파구청에 이의 제기를 제출했다. 행정소송 절차를 밟고 있다. 핵심 쟁점은 통합경비 시스템 운영을 위한 장비 비용이 경비비에 포함될 수 있는가, 아니면 장기수선충당금에서 지출해야 하는가였다. 우리는 경비회사가 보안 장비를 아파트에 무상으로 임대하는 형태로 운영하고 있기에, 경비비 항목에서 지출하는 것이 합당하다고 주장했다. 그러나 송파구청과 민원인들은 이 장비가 아파트의 자산으로 간주될 수 있으며, 장충금에서 지출해야 한다고 반박했다. 나아가, 장충금은 집주인이 부담하는 항목이므로, 세입자들이 손해를 보고 있다는 억지 논리까지 펼쳤다. 그러나 세입자들도 보안 서비스를 이용하는 입주민이다. 경비 방식이 변화하는 것은 아파트 전체의 보안과 안위를 위한 것인데, 이를 두고 세입자와 집주인의 이해관계 대립으로 몰고 가는 것은 불합리했다.

새로운 기술과 규제의 충돌: 기득권의 저항

이 싸움은 단순히 경비 시스템 변경의 문제가 아니다. 이는 기술의 발전과 규제의 충돌, 그리고 기득권 세력의 저항이라는 더 큰 사회적 문제의 축소판이다. 지금 우리 사회에서 벌어지고 있는 각종 신산업 규제 논란과 정확히 같은 구조다.

새로운 기술이 등장하고, 시장의 흐름이 변화하면 기존 산업과 비즈니스 모델은 자연스럽게 도태될 수밖에 없다. 그러나 기존 기득권층은 변화를 막기 위해 법과 규제를 앞세워 새로운 시도를 봉쇄하려 한다. 한국의 스타트업 업계에서도 유사한 사례가 끊이지 않는다.

정부는 이러한 문제를 해결하기 위해 2019년부터 규제 샌드박스 제도를 도입하여 운영 중이다. 신기술 및 신산업 분야에서 기존 규제의 적용을 일정 기간 유예하고, 새로운 서비스와 기술이 실제 환경에서 테스트될 수 있도록 허용하는 정책이다. 이를 통해 핀테크, 자율주행차, 로봇, 인공지능(AI) 등 다양한 분야에서 혁신을 가속화하고 있으며, 관계 부처 및 산업계와의 긴밀한 소통을 통해 규제 개선을 지속하고 있다.

나는 이러한 규제 샌드박스 개념이 기축 아파트에도 반드시 적용되어야 한다고 생각한다. 스마트시티, 스마트홈 기술을 가진 스타트업들이 실제 아파트에서 테스트베드로 활용될 수 있도록 허용한다면, 우리나라의 신기술이 보다 빠르게 상용화될 수 있을 것이다. 그러나 현실은 정반대다. 예를 들어, 전자투표 하나 도입하는 것조차 개인정보보호법 위반이라는 이유로 저지되고 있는 상황이다. 기술이 발전하고 활용 가능한 혁신적인 솔루션이 등장해도, 법과 행정이 이를 따라가지 못하면서 기축 아파트는 변화의 기회를 잃고 있다.

행정기관의 역할은 단순히 기존 규정을 유지하는 것이 아니라, 시대의 흐름에 맞춰 현실적인 정책을 마련하고, 불필요한 규제를 조정하며, 새로운 기술이 실험될 수 있도록 유연성을 갖추는 것이어야 한다. 기축 아파트에 대한 규제 샌드박스 도입은, 아파트 관리의 효율성을 높이고 거주 환경을 개선하는 것은 물론, 혁신적인 기술들이 실생활에서 검증되고 시장에 빠르게 안착할 수 있도록 돕는 핵심적인 변화의 시작점이 될 것이다.

(변경 전 서문 문주)

(변경 후 서문 문주, 야간 경관조명 추가)

5. 커뮤니티 시설 우리도 갖춰보자

 우리 아파트는 2008년에 준공되었지만, 별도의 커뮤니티 시설이 마련되지 않았다. 그나마 입주자대표회의실, 주민 문고실, 독서실 정도가 있었지만, 실질적인 활용도는 매우 낮았다. 대표회의실은 한 달에 한두 번 저녁에만 사용되는 공간이었고, 문고실은 이름만 문고실일 뿐, 책장이나 책이 없어 15년 동안 창고처럼 방치되고 있었다.
 그동안 아무도 이 공간의 활용 방안을 고민하지 않았다. '괜히 관리비가 늘어날까 봐', '공동전기료 부담이 커질까 봐'라는 걱정 속에 변화의 필요성을 느끼면서도 실천으로 옮기지 못하고 있었던 것이다.
 그런데 7기 임원진 중 이영옥 이사님께서 놀라운 제안을 해주셨다. 항상 아파트 운영에서 원칙과 절차를 중시하며 나에게도 많은 조언을 아끼지 않는 분이셨다. 이사님은 단순히 기존 시설을 유지하는 것이 아니라, 과감한 공간 재구성을 통해 입주민들에게 실질적인 혜택을 주자는 아이디어를 냈다.

그분의 제안은 이러했다.

"지하 1층의 입주자대표회의실을 3층 문고실로 옮기고, 기존 지하 1층 공간을 GX룸으로 만들어 입주민들에게 돌려주자. 그리고 3층의 문고실을 대표회의실로 활용하면 회의는 한 달에 한두 번밖에 열리지 않으니, 나머지 시간에는 주민 커뮤니티 공간으로 활용할 수 있을 것이다."

나는 여러 가지 현안에 매달려 있다 보니 이런 창의적인 해결책까지는 생각하지 못하고 있었다. 하지만 이영옥 이사님이 감사하게도 이 제안을 해주셨고, 나는 즉시 안건 의결을 추진했다. 용도 변경이 필요한 사항이었기 때문에 입주민 과반수 이상의 동의를 얻는 절차를 진행했고, 인테리어 공사를 위한 의결도 거쳐 공간 개편을 공식적으로 확정지었다.

반대 의견을 하나하나 설득하며 만들어진 공간

공사를 진행하는 과정도 순탄치만은 않았다. "새로운 공간을 만들면 공용관리비 부담은 어떻게 할 거냐?", "운영 비용은 또 어떻게 할 거냐?" 등의 반대 의견이 나왔다. 기존의 공간을 새롭게 활용하려는 시도였기에 익숙한 체계를 유지하고 싶어 하는 동대표들의 저항이 만만치 않았다.

그러나 이영옥 이사님은 묵묵히 모든 잡음을 이겨내며 하나하나 논리적으로 설득해 나갔다. 회의에서 안건을 올릴 때마다 수월하게 넘어간 적이 거의 없었지만, 이사님은 흔들리지 않고 단호하게 논리를 펼쳤다. 결국, 동대표들의 동의를 이끌어냈고, 지금의 새로운 커뮤니티 공간이 탄생하게 된 것이다.

뿐만 아니라, 공사비 절감을 위해 직접 인테리어 자재를 선택하고 공사업체와 긴밀히 소통하며 예산을 효율적으로 사용하도록 했다. 입주민들의 부담을 최소화하면서도 최상의 결과를 얻기 위한 노력이었다. 이런 세심한 관리 덕분에, 커뮤니티 공간은 보다 체계적으로 준비될 수 있었다.

새로운 커뮤니티의 시작

이후 커뮤니티 시설의 운영을 전문적으로 관리할 수 있도록 적격 심사를 거쳐 운영 업체를 선정했고, 월별 이용료와 운영 규정을 확정했다. 이제는 새롭게 문을 열 커뮤니티 공간을 어떻게 운영할지 세부적인 준비를 하고 있다.

나는 향후 아파트 내 경로당 두 곳과 연계하여 프로그램을 운영하는 방향도 고려하기를 제안한다. 주말이나 야간 시간대에 일반 입주민들도 경로당을 활용할 수 있도록 시설을 복합 커뮤니티 형태로 개선한다면, 노년층뿐만 아니라 다양한 세대가 함께 이용할 수 있는 공간이 될 것이다. 또한, 무인 카페를 함께 도입하면 더욱 쾌적하고 활기찬 커뮤니티 공간으로 정착할 수 있을 것이라 기대된다.

이 모든 과정이 순조롭게 진행될 수 있었던 것은 이영옥 이사님의 헌신적인 노력 덕분이다. 단순히 좋은 아이디어를 제안하는 것을 넘어, 현실적인 실행 방안을 마련하고 직접 추진하며 반대 의견을 하나하나 설득해 가는 과정이 없었다면, 지금의 새로운 커뮤니티 공간은 탄생하지 못했을 것이다.

입주민들에게 더 나은 공간을 제공하기 위해 묵묵히 애써주신 이영옥 이사님께 깊이 감사드린다. 변화는 쉽지 않다. 하지만 그 변화를 함께 실현하는 사람이 있다면, 우리는 더 나은 공동체를 만들어 갈 수 있다.

6. 아파트 노인정 바로 알기

아파트 노인정, 누구를 위한 공간인가?

우리 아파트에는 노인정이 두 곳 있다. 송파구청에서도 지원금을 받고, 아파트에서도 매달 80만 원씩 지원금을 지급해왔다. 2008년 준공 이후 2024년까지 16년 동안 아무런 문제 없이 (코로나 기간은 노인정 운영이 중단되어 지원금도 중단한 사례는 있음) 두 노인정에 동일하게 지원이 이루어졌다. 하지만 갈등은 지원금 인상을 요청하면서부터 시작되었다.

노인정에서는 물가도 오르고 회원 수도 증가했으니, 기존 80만 원에서 110만 원으로 30만 원 인상해 달라고 요청했다. 나는 절차대로 회의 안건으로 상정했고, 쉽지 않지만 동대표들을 설득하여 '경로우대'라는 원칙에 입각해 논리를 펼쳤다. 결국 2024년 2월, 동대표회의에서 찬성으로 가결되었고, 지원금 인상이 확정되었다.

그러나 예상치 못한 문제가 발생했다. 2024년 4월, 유병일 행정·회계 감사가 감사보고서를 작성하여 회의에서 발표했는데, 노인정 지원금 지급의 법적 근거가 명확하지 않다는 것이었다. 관리규약상 '아파트의 잡수입으로 지급할 수 있다'고 되어 있을 뿐, '반드시 지급해야 한다'는 강제 조항은 없었다. 또한, 지원금을 받는 노인정 회원이 실제로 아파트 입주민인지 확인도 이루어지지 않고 있었다. 감사는 차라리 공동체 활성화 단체로 등록하고 회원 명부를 확인한 후, 활동 내용에 따라 지급하는 것이 바람직하다는 의견을 냈다.

이에 따라 관리소는 두 노인정에 공동체 활성화 단체로 등록할 것을 요구했다. 관리동에 있는 A 노인정은 이 요구를 받아들여 회원들의 최근 6개월 내 등본을 제출하도록 했다. 또, 구청에서 지원하는 프로그램(종이접기, 요가, 노래교실 등)을 노인정 회원뿐만 아니라, 아파트 입주민 전체에게 공개 모집하는 방식으로 공동체 활성화 활동을 대체하기로 했다. A 노인정은 협조적으로 절차를 진행하며 지원금 110만 원을 정상적으로 지급받았고, 내부 감사 제도를 도입해 영수증 집행 과정도 투명하게 개선했다.

하지만 B 노인정은 완전히 다른 태도를 보였다. "지금까지 문제없이 지원금을 받아왔는데 갑자기 절차를 요구하는 건 부당하다"는 주장을 펼쳤다. 심지어 "노인정 회원들에게 쓰레기 줍기, 잡초 제거 같은 노동을 시키려는 것 아니냐"라며 반발했다. "우리는 이런 절차를 거칠 수 없다, 주던 대로 그대로 지원금을 지급하라"는 입장이었다.

그러면서 2024년 5월 22일, 'B 노인정 사태'가 벌어졌다. 5월 정기 회의에 B 노인정 회원 13명과 기존에 매월 회의 방청하던 여자 1명이 방청 신청을 했고, 회의에서 고성과 몸싸움까지 벌어졌다. 유병일 감사와 이규리 이사가 B 노인정 회원들과 충돌했고, 결국 경찰을 불러야 하는 상황까지 갔다. 경찰이 도착한 후에야 싸움이 멈췄고, 방청객 14명은 퇴장 조치되었다.

이 사건 이후, 입주자대표회의는 당시 방청객 14명 전원에게 회의 방청 금지 조치를 내렸다. 또한, B 노인정 회원 13명에 대해 업무방해죄, 퇴거불응죄로 소송을 제기하기로 의결했고, 현재 사건은 경찰에서 검찰로 송치된 상태다.

그러나 갈등은 여기서 끝나지 않았다. 사건 이후, B 노인정을 이용하는 할머니들이 관리소에 민원을 제기하기 시작했다. 간담회가 열렸고, 그 자리에서 할머니들은 눈물을 흘리며 호소했다. "B 노인정 임원들이 우리에게 노인 학대를 한다. 언어적 폭력과 정신적 핍박을 가하며, 차별적으로 대우한다."

입주자대표회장으로서 내 권한이 제한적이었다. 입주자대표회의와 노인정은 독립적인 조직이며, 노인정은 대한노인회 소속이었다. 내가 할 수 있는 건 문제의 B 노인정 회장과 부회장을 해임해달라고 요청하는 것뿐이었다. 입주자대표회의에서 해임 요청을 의결한 후, 대한노인회에 공문을 보내고 조사를 요청했다.

하지만 대한노인회도, 송파구청도 아무런 조치를 취하지 않았다. 도시현대화국장과의 면담도 진행했지만 결과는 같았다.

그러던 중, 2025년 2월 송파구청장 간담회가 열렸다. 전날 도시화현대국장은 내게 면담을 요청했다. 결론은, "구청장 간담회에 B 노인정 회원들이 몰려와 지원금 지급 문제를 제기할 예정입니다. 회장님이 참석하지 않는 게 좋을 것 같습니다."

나는 실소가 나왔다. 송파구청 안에서는 해결이 불가능하다는 걸 확인하는 순간이었다.

아파트 경로당 운영, 이렇게 바꿔야 한다

아파트 내 경로당은 노년층의 사회적 교류와 복지를 위한 중요한 공간이다. 하지만 현실적으로는 특정 입주민들이 독점적으로 운영하거나, 불투명한 관리로 인해 입주민들 간 갈등을 유발하는 경우가 많다. 내가 경험한 사례에서도 경로당이 마치 일부 사람들의 사유 공간처럼 운영되며, 새로운 입주민들의 참여가 제한되는 문제를 겪었다. 이를 해결하기 위해 우리는 아파트 차원에서 실질적인 개선책을 마련했고, 동시에 국가 차원에서도 제도적 보완이 필요하다는 점을 깨달았다.

경로당 운영의 문제점, 무엇이 문제인가?

가장 큰 문제는 운영의 투명성이 부족하다는 점이다. 경로당 임원진이 수년간 자리를 유지하면서 내부적으로 운영을 독점하는 경우가 많다. 특히, 운영 내역이 공개되지 않다 보니 예산이 어떻게 사용되는지 알기 어렵고, 새로운 입주민들이 쉽게 참여할 수도 없다. 일부 아파트에서는 운영진이 외부인을 경로당에 들이면서, 정작 아파트에 사는 주민들은 제대로 이용하지 못하는 경우도 발생한다.

경로당의 임원 선출 과정도 개선이 필요하다. 대부분의 경우 기존 운영진이 추천한 사람만 선출되는 구조라서 공정성이 떨어지고, 사실상 임원이 세습되는 문제도 있다. 어떤 곳은 임기가 최대 8년까지 가능하다 보니, 새로운 사람들이 운영에 참여하기 어렵고 변화도 더딜

수밖에 없다.

또한, 운영 방식이 지나치게 폐쇄적이라 신규 회원의 가입이 제한되는 경우도 있다. 일부 경로당은 기존 회원들만 참여하는 내부 모임처럼 운영되며, 새로 이사 온 주민들이 가입하려 해도 받아주지 않는 일이 흔하다. 이런 방식은 궁극적으로 공동체를 분열시키고, 경로당을 특정 집단의 전유물로 만들 위험이 있다.

운영 효율성 측면에서도 개선이 필요하다. 예를 들어, 경로당이 주말이나 야간에는 거의 사용되지 않아 공간이 낭비되는 경우가 많다. 그런데도 이 공간을 다른 입주민들이 활용할 수 있도록 개방하는 방안은 고려되지 않고 있다. 경로당을 입주민 전체가 활용할 수 있는 커뮤니티 공간으로 발전시키면 더 많은 사람이 혜택을 볼 수 있을 것이다.

경로당 운영, 이렇게 바꿔야 한다

이러한 문제를 해결하기 위해서는 먼저 운영의 투명성을 확보하는 것이 가장 중요하다. 경로당의 운영 내역과 예산 사용 내역을 입주민들에게 공개하고, 관리사무소나 입주자대표회의가 정기적으로 감사를 실시하는 것이 필요하다. 예산이 어떻게 쓰이는지 투명하게 공개

하면 불필요한 오해도 줄고, 입주민들이 더 적극적으로 참여할 수 있는 분위기가 조성될 것이다.

경로당 임원의 임기와 선출 방식도 개선해야 한다. 특정 운영진이 오랜 기간 자리를 독점하지 못하도록 연임을 제한하고, 모든 회원이 참여하는 민주적인 선거 방식으로 개선하는 것이 필요하다. 특히, 외부 입대위나 관리사무소가 선거 과정에 개입해 공정성을 보장하면 불필요한 갈등도 줄어들 것이다.

경로당 이용 대상을 명확히 하는 것도 중요한 부분이다. 외부인이 지속적으로 이용하는 문제를 방지하기 위해, 경로당을 아파트 입주민들만 사용할 수 있도록 규정을 정비해야 한다. 또한, 신규 회원 모집을 정기적으로 진행하고, 모든 입주민이 가입할 수 있도록 공정한 기준을 마련하는 것이 필요하다.

공간 활용도를 높이는 방안도 고민해야 한다. 경로당이 평일 낮에만 운영되고 주말이나 야간에는 방치되는 경우가 많으므로, 이 공간을 다목적 커뮤니티 시설로 활용할 수 있도록 개선하는 것이 바람직하다. 예를 들어, 저녁 시간대에는 독서 모임이나 문화 강좌 등을 운영하고, 주말에는 어린이와 노인 세대가 함께할 수 있는 프로그램을 진행하는 것도 좋은 방법이다.

제도적으로 개선해야 할 부분들

아파트 차원의 노력만으로는 한계가 있기 때문에, 국가 차원에서도 제도적인 보완이 필요하다. 우선, 경로당 운영에 대한 외부 감사 제도를 의무화하는 것이 필요하다. 현재는 경로당 운영이 자율적으로 이루어지다 보니 불투명한 운영이 계속되고 있는데, 지자체나 구청이 정기적으로 감사를 실시하면 운영의 공정성이 한층 강화될 것이다.

또한, 특정 임원이 장기적으로 경로당을 독점하지 못하도록 법적으로 연임 제한을 두는 것도 고려할 필요가 있다. 현재는 경로당마다 운영 방식이 제각각이라 어떤 곳은 지나치게 폐쇄적으로 운영되고, 어떤 곳은 운영진이 사실상 종신직처럼 자리 잡는 문제가 있다. 이를 방지하려면 공정한 선출 규정을 마련하고, 입주민 전체가 참여하는 투표 방식을 도입하는 것이 중요하다.

입주민들의 의견을 반영할 수 있는 구조도 마련해야 한다. 현재는 경로당 운영이 일부 운영진의 결정에 의해 좌우되는 경우가 많은데, 입주민들의 의견을 정기적으로 수렴하고 이를 반영하는 방식으로 개선할 필요가 있다. 예를 들어, 정기적인 주민 평가를 통해 운영 개선 방향을 논의하거나, 입주민 회의를 통해 운영 방식에 대한 의견을 나누는 것도 좋은 방법이다.

경로당은 모두를 위한 공간이 되어야 한다

경로당은 특정 집단만의 공간이 아니라, 아파트에 거주하는 모든 입주민이 함께 이용할 수 있는 공동체 공간이 되어야 한다. 운영의 투명성을 높이고, 공정한 절차를 통해 새로운 사람들이 참여할 수 있도록 만들면 경로당은 더욱 활발한 공간으로 거듭날 것이다.

더 나아가, 경로당을 단순히 노인들의 휴식 공간이 아니라, 세대 간 교류와 입주민 화합을 위한 커뮤니티 시설로 발전시키는 방향도 고려할 필요가 있다. 운영 방식을 개선하고, 제도적 보완이 이루어진다면 경로당은 입주민 모두에게 유익한 공간이 될 것이다.

이제는 경로당 운영을 근본적으로 재정비해야 할 때다. 변화는 어렵지만, 더 많은 사람이 혜택을 누릴 수 있도록 개선해 나간다면 결국 입주민 모두가 만족할 수 있는 방향으로 나아갈 수 있을 것이다.

아파트 내 경로당 운영 개선을 위한 제안

2025. 2. 25

잠실엘스 입주자대표회장 김혜진

문제점	잠실엘스 개선	구청에 제안
경로당 임원진이 시건장치 관리 경로당 임원진의 공간 사유화	경비에서 운영시간에 맞게 문 개폐 역할 부여 미화에게 청소 업무 부과	* 경로당 시설관리의 지침 마련
구청지원금/아파트지원금으로 식자재 구입 후 회원들에게 영수증 미공개, 임원진의 세대물품 일부사용 신규 회원이 주방 일 전담	회원들에게 공개, 입대회에 제출 감사에게 영수증 확인	* 정기적 비용 감사 * 비용지원보다는 식당, 캐터링 서비스 제안

문제점	잠실엘스 개선	구청에 제안
회장, 부회장 임기가 최대 8년 가능 (4년, 연임 1회) 장기집권으로 회원 간 차별대우 회장이 부회장을 선임 (부회장이 실세, 회장은 허수아비)	회장, 부회장 해임 요청	* 대한 노인회 규정 개정 * 정기적 임원감사 * 회장, 부회장 모두 선거로 선출
아파트 미거주 어른 경로당 이용	공동체활성화 단체 등록으로 경로당 회원 확인 아파트 거주 어른 확인	* 대한노인회 규정 개정
신규 회원 유치에 폐쇄적 기존 회원만 경로당 이용	신규모집 공고 게시 요청	
주말, 야간 시간의 공간 활용 부재	비회원도 노인정 프로그램 이용하게 공개 공고	* 다목적 커뮤니티 시설로 전환 시설개선비 지원
신규 임원 선출을 위한 선거관리위원회 역할 부재 임원 교체의 가능성 희박		* 대한노인회 규정 개정 * 경로당 운영위원회제도 도입 (입대회, 관리소, 입주민, 구청이 함께 정기적 점검)

7. 주차문제 해결과 전기차 충전시설 갖추기

잠실엘스 주차 문제의 시작과 해결을 위한 노력

박도영 감사와의 인연은 2021년으로 거슬러 올라간다. 당시 잠실엘스 지하주차장은 마치 한강 공용주차장과 다름없었다. 아이파킹 앱을 설치하면 방문 차량은 시간 제한 없이 자유롭게 이용할 수 있었고, 이로 인해 입주민들의 불만이 커져 갔다. 그러나 소통 플랫폼은 PC 기반 홈페이지와 관리사무소 전화 접수가 전부였고, 실질적인 개선이 어려운 상황이었다. 게다가 월 10만 원의 운영비가 들어가는 홈페이지는 접근성이 낮아 활용도가 떨어졌다.

이에 따라 모바일 기반의 접근성을 높이기 위해 직방, 아파트너, 잘 살아보세등 세 개 업체로부터 맞춤형 제안을 받아 검토한 끝에 직방을 도입하게 되었다. 하지만 기존 주차관리 시스템인 아이파킹을 직방과 연동시키는 과정에서 주차 차량 데이터 정리가 필수적이었다. 평소 민원 처리로 바쁜 관리사무소 직원들이 추가 업무를 감당하기 어려운 상황이라, 결국 입주민을 대상으로 자원봉사자를 모집하기로 했다.

그러나 예상대로 신청자는 없었다. 신청 기간이 끝나갈 무렵, 한 입주민으로부터 연락이 왔다. "아무도 신청하지 않는다면 제가 돕겠습니다." 바로 박도영 감사였다. 그는 꼼꼼한 태도로 주차 데이터를 정리하는 데 큰 도움을 주었으며, 방문 차량 등록 제한(월 160시간)과 평형별 주차 요금 현실화 등 주차규정 개정에도 적극적으로 참여했다. 그의 헌신적인 모습에 깊은 인상을 받았고, 이후에도 함께 일하기를 원했다. 8기 대표회 운영을 맡게 되었을 때, 기술감사 역할을 권유하였고 그는 흔쾌히 수락하며 더 깊이 아파트 문제 해결에 뛰어들었다.

전기차 충전시설 설치와 주차규정 개정

2023년, 전기차 보급이 증가하면서 충전 인프라 확충과 주차 규정 개정이 필수적인 과제로 떠올랐다. 그러나 무엇보다 중요한 것은 입주민의 실질적인 이익을 최우선으로 고려하는 것이었다. 이에 박도영 감사는 위원장을 맡아 약 두 달 동안 7차례의 회의를 통해 문제를 해결해 나갔다.

전기차 충전시설 설치는 단순한 편의성 문제가 아니었다. '친환경자동차법'에 따라 2025년 1월 28일까지 전체 주차면적의 2%(150면 이상)를 충전구역으로 지정해야 하는 법적 의무도 있었다. 그러나 기존 충전시설에는 많은 문제점이 존재했다.

박도영 감사는 공정하고 신중한 업체 선정을 위해 철저한 평가 기준을 마련했다. 각 업체의 충전기 성능, 유지보수 비용, 설치 비용, 이용 편의성 등을 평가하고 경쟁을 유도하기 위해 최소 2개 업체를 선정하는 방식으로 결정되었다.

이번 주차 규정 개정과 전기차 충전시설 확충은 결코 쉬운 과정이 아니었다. 입주민들의 다양한 요구를 조율하고, 외부 업체와 협의하며 법적 요건까지 고려해야 했기 때문이다. 하지만 박도영 감사는 단 한 순간도 포기하지 않고, 입주민들에게 실질적인 혜택이 돌아갈 수 있도록 끊임없이 노력했다. 그 결과 주차 문제와 전기차 충전 인프라가 대폭 개선되었으며, 이는 지속 가능한 공동체를 위한 중요한 전환점이 되었다.

8. 부동산 정책도 바꿀 수 있다

　잠실엘스 아파트는 2020년 6월, 토지거래허가구역으로 지정되었다. 종합운동장 MICE 국제복합교류지역 인근이라는 이유로 잠실, 대치, 청담, 삼성 지역이 함께 묶였고, 이로 인해 아파트의 재산권이 제한되었다. 거래가 위축되면서 가격 상승세도 정체되었으며, 2023년 6월에는 추가 연장되었다. 5년간 지속된 규제는 입주민들에게 심각한 경제적 부담을 주었다. 그러나 이 문제를 단순히 받아들일 수만은 없었다.
　2022년 겨울, 젊은 소유주들을 중심으로 단톡방이 만들어지며 본격적인 논의가 시작되었다. 이들은 단순한 불만을 넘어 실질적인 변화를 이끌어내기 위해 입대회에 방청을 요청했다. 입주민들은 토지거래허가제로 인해 아파트 가격이 반포 등 다른 지역보다 뒤처지고 있으며, 이는 단순한 시장 요인이 아니라 규제의 영향 때문이라는 점을 강조했다. 하지만 처음에는 입대회에서도 즉각적인 해결책을 제시하기 어려웠다.

이때, 가장 두드러진 활약을 보인 인물이 바로 이규리 이사였다. 그녀는 단순한 불만 제기를 넘어, 직접 해결책을 찾고 실행하는 데 앞장섰다. 8기 동대표로 출마해 대외협력 이사로 활동하며, 입주민들의 입장을 대변하는 역할을 맡았다. 그녀는 단순한 의견 전달이 아니라, 실질적인 변화를 이끌어내기 위한 전략을 고민했다.

이규리 이사는 송파구청장과의 공식 면담을 주도하며, 토지거래허가제 해제의 필요성을 강력히 주장했다. 또한, 아파트 외벽에 현수막을 걸어 입주민들의 의사를 대외적으로 알렸다. 이러한 적극적인 행동은 단순한 청원이나 의견서 제출과는 다른 방식으로, 정책 결정권자들에게 직접적인 압박을 가하는 효과를 거두었다.

그녀의 노력은 단순히 한 사람의 외침으로 끝나지 않았다. 입주민들의 관심이 점점 더 높아졌고, 커뮤니티 내에서도 적극적인 공론화가 이루어졌다. 이로 인해 입대회 역시 더욱 강력하게 대응할 수 있는 동력을 얻었으며, 결국 이들의 집단적인 노력은 2025년 2월, 잠실 지역의 토지거래허가제 해제로 이어졌다.

이 사건은 단순한 정책 변경이 아니라, 입주민들이 직접 행동하고 목소리를 냈기에 가능한 결과였다. 공급자 중심의 일방적인 규제가 아닌, 거주자의 입장에서 정책을 변화시킬 수 있다는 것을 보여준 대표적인 사례였다.

　이제 우리는 알게 되었다. 부동산 정책은 정부와 건설사만이 결정하는 것이 아니다. 입주민들이 스스로 목소리를 내고 단합하면, 정책을 바꿀 수 있다. 아파트의 가치는 단순한 시세 상승이 아니라, 거주민들이 얼마나 적극적으로 자신의 권리를 주장하는가에 따라 결정된다는 것을 기억해야 한다.

　입주민들은 단순히 아파트 관리 문제에만 관심을 두는 것이 아니라, 외부 정책 변화에도 적극적으로 대응해야 한다. 부동산 정책의 변화는 우리의 관심과 행동에서 시작된다. 그리고 그 변화를 이끌어 내는 것은 바로 우리 자신이다.

〈아파트 외벽에 내건 토지거래허가제 해제 요청의 현수막〉

APT

명품아파트는 누가 만드는가?

3장

리모델링 공사로 명품아파트 완성하기

1. 흉물이 되어 버린 아파트 미술장식품부터 바꾸기
2. 7,717대 CCTV 모두 교체하기
3. 지하주차장 리모델링은 급선무
4. 공동현관을 자동으로 통과하기
5. 하나의 앱으로 통합해서 이용하기
6. 더 나은 디자인을 위해 고민하다
7. 결국 명품아파트는 거주자가 만든다

1. 흉물이 되어 버린 아파트 미술장식품부터 바꾸기

아파트 단지의 미관을 대표하는 미술장식품, 그러나 시간이 흐르면서 아름다움은 퇴색하고 흉물로 변해갔다.

잠실주공1단지 재건축으로 탄생한 잠실엘스 역시 예외가 아니었다. 재건축 당시 조합은 「문화예술진흥법 시행령」 제12조에 따라 연면적 10,000㎡ 이상의 건축물에 의무적으로 설치해야 하는 미술작품으로, 보행문주와 연계된 '봄, 여름, 가을, 겨울'이라는 작품을 선정했다. 처음에는 사계절의 변화를 상징하는 조형물이 단지를 품격 있게 만들어 줄 것이라 기대했지만, 2008년 준공 이후 관리와 청소가 제대로 이루어지지 않으면서 조형물은 먼지와 거미줄에 뒤덮였고, 입주민들에게 더 이상 예술작품이 아닌 '아파트 흉물'로 불리기 시작했다.

  2021년, 내가 회장직을 맡게 되었을 때, 많은 입주민들이 이 문제를 해결해달라고 요청했다. 철거를 원한다는 의견이 압도적이었다. 하지만 문제는 법이었다. 「문화예술진흥법」에 따라 설치된 작품은 쉽게 철거할 수 없었고, 무엇보다 철거 사례조차 없었다. 서울시에 문의해보니, 신축 아파트의 경우 미술작품심의위원회를 통해 심의를 받지만, 기존 단지의 철거에 대한 심의 절차는 마련되어 있지 않다는 답변만 돌아왔다. 게다가 조만간 관련 조례가 만들어질 줄도 모른다고 했다.

  철거가 어렵다면 다른 길을 찾아야 했다. 아파트 임원회의를 통해 논의한 끝에 '철거'가 아닌 '리뉴얼'이라는 새로운 해결책을 모색하기로 했다. 기축 단지에서는 시도된 적 없는 방식이었지만, 장기수선계획 내 '옥외부대시설 및 옥외복리시설' 항목의 '조경시설물'로 분류하여 예산을 반영하기로 결정했다.

  이제 중요한 것은 서울시와의 협의였다. 서울시 디자인산업담당관 공공미술진흥팀에 여러 차례 문의한 끝에, 아파트 내부적으로 작가를 선정한 후 서울시 건축물 미술작품 변경 심의를 신청하면 된다는 답변을 얻었다. 예상과 달리 입주민 동의 절차는 필요하지 않았으며, 변경되는 작품의 가격은 2008년 당시 심의받은 가격 수준을 유지해야 한다는 조건만 있었다.

우리는 투명하고 공정한 절차를 위해 K-apt에 입찰 공고를 올리고, 적격심사 방식으로 진행하기로 했다. 그리고 아파트 역사상 처음으로 작가들이 직접 작품을 설명하는 자리를 마련했다. 입주민 심사위원들이 작품의 기획 의도를 듣고 평가하는 방식은 이전에 없던 시도였고, 모두가 흥미롭게 참여했다. 최종적으로 네 명의 작가가 제안서를 제출했고, 심사위원 전원이 르꼬떼 조형연구소의 서준영 작가를 1위로 평가하여 최종 선정하게 되었다.

흉물로 전락한 조형물이 새로운 예술작품으로 거듭나는 과정은 쉽지 않았지만, 우리는 스스로 해답을 찾아갔다. 기존 사례가 없었다면 새로운 사례를 만들면 되는 것이었다. 이번 경험을 통해 나는 아파트 내 미술 장식품이 단순한 장식이 아니라, 관리와 유지보수가 수반되지 않으면 도시 경관을 망치는 요소가 될 수 있음을 깨달았다. 그리고 가장 중요한 것은, 변화를 원한다면 누군가가 앞장서야 한다는 점이었다.

우리가 만들어낸 이 과정이, 앞으로 같은 문제로 고민하는 다른 단지들에게 하나의 해결책이 되길 바란다.

작품 활동인가, 리뉴얼 공사인가

　어렵게 절차를 만들고 난관을 거쳐 작가를 선정하였으나, 그 이후가 더 힘들었다. 우리는 리뉴얼 공사로 여기고 그동안 아파트에서 공사하던 공사업체처럼 작가를 상대하며 공사 단계의 문제점들을 지적하며 요구했다. 가장 큰 문제는 잠실새내역 앞의 문주였다. 아파트의 상징물과도 같았는데, 구조물 자체가 움푹 파여 있었고, 오랜 시간이 지나면서 비와 눈을 맞으며 구조물이 내려앉았는지 가운데 물이 고였다. 우기(雨期)가 되면 바닥으로 물방울이 뚝뚝 떨어지고 누수가 심각했다.

　작가님은 작품 자체에 대한 고민을 깊이 했지만, 공사 중에 발생한 누수 문제에 대해서는 당황하셨다. 우리는 추가로 방수업체를 고용하여 누수를 막으려 했으나, 방수공사를 했음에도 불구하고 누수를 완전히 잡을 수 없었다. 결국 별도로 물길을 만들고 설비공사를 통해 드레인까지 추가하는 공사를 진행해야 했다.

　문제는 공사비였다. 입찰공고를 통해 입찰가가 정해진 상황이라 공사비 증액이 쉽지 않았다. 일반적인 공사 현장에서라면 설계변경을 통해 공사비를 추가하거나 조정할 수 있겠지만, 아파트에서는 설계변경을 쉽게 받아들이지 않았다. 대부분 업체가 추가 공사를 서비스로 떠안아야 한다는 인식이 강했고, 업체들도 지역 내에서 좋은 평판을 유지하려 추가 공사비를 요구하기 어려운 구조였다. 결국 기축 단지에서는 신축과는 다른 방식으로 예산이 산정되는 것이었다. 이러한 상황을 미리 고려한 듯, 일부 업체들은 기축 단지에서 발생할 가능성이 높은 민원과 추가 서비스 공사 항목을 사전에 반영한 것으로 보였다.

상식적으로 추가 공사 부분은 설계 변경을 통해 비용을 반영하는 것이 맞지만, 이를 아파트 입주자대표회의에 안건으로 올리면 동대표들의 반대가 클 것이 뻔했다. 결국 추가 공사비는 반영되지 못했고, 작가님의 호의로 모든 추가 공사 비용을 작가님이 부담하는 상황이 되었다.

작업 과정도 순탄치 않았다. 작업 중에 민원인들이 몰려와 작품 활동을 방해했고, 아파트 최초로 적용된 건축 외장재인 스톤슬레이트를 고의로 손상시키거나, 작업을 중단시키려는 입주민들까지 있었다. 지금 생각하면 작가님께 정말 죄송하고, 같은 아파트 입주민으로서 부끄러운 순간이었다.

2008년 준공 당시 네 개의 문주 작품비는 6억 원에 달했다. 15년이 지난 지금, 인건비와 자재비가 크게 상승했음에도 불구하고 이번 리뉴얼은 3억 원 이내에서 진행되었다. 젊은 입주민들은 리뉴얼을 찬성했지만, 나이 많은 입주민들은 반대하는 경우가 많았고, 그 과정에서 작업 방해도 빈번했다. 작가님은 '작품 활동'이라고 생각했고, 우리는 '공사'라고 주장하며 평행선을 달리는 상황이 계속되었다. 하지만 결국 모든 난관을 이겨내고 작업을 마무리할 수 있었다.

    서준영 작가는 프랑스를 중심으로 활동하는 세계적인 설치 조각가로, 2008년 파리 샹젤리제 거리에서 열린 '샹젤리제 조각전'에 고(故) 백남준과 함께 한국인으로 참여한 바 있다. 우리 아파트에 그런 분을 모실 수 있다는 것은 큰 영광이었다. 제대로 된 완공식 행사를 열어 잠실엘스아파트를 통해 서준영 작가님의 위상을 알리고, 우리 아파트의 명품아파트로의 변신 노력을 널리 홍보했으면 좋았을 텐데, 지금 돌아보면 그것이 가장 아쉬운 부분이다.

(변경 전)〈걷다,보다,열다/여름〉,
작가: 서준영(2024)

(변경 후) E-JOYFUL,
작가: 심현주(2008)

(변경 전 품)걷다, 보다, 열다/봄,
작가: 심현주(2008)

(변경 후)W-JOYFUL,
작가: 서준영(2024)

(변경 전)걷다, 보다, 열다/가을,
작가: 서준영(2024)

(변경 후)W2-ARTFUL,
작가: 심현주(2008)

(변경전) 겨울, 작가: 심현주(2008)   (변경후)W2-ARTFUL, 작가: 서준영(2024)

미술장식품 주요 야경

2. 7,717대 CCTV 모두 교체하기

Before 방재실 전경

After 방재실 모니터 변경

우리 아파트에는 7,717대의 CCTV가 있다. 2008년 준공 당시 설치된 사양은 20만 화소로, 현재 기준으로 보면 매우 낮은 해상도였다. 하지만 우리는 외부는 500만 화소, 내부는 200만 화소로 모든 CCTV를 교체 완료하며 큰 변화를 이루었다.

정보통신공사는 감리업체 선정이 필수적이다. 우리는 적격심사를 통해 감리업체를 선정했으며, 감리 비용은 인건비로 동일하게 맞추고, 발표 심사를 통해 최적의 업체를 선정했다. 감리업체는 공사업체 선정 과정에서 관리소와 함께 서류 검토 업무를 진행해 주는데, 각 업체에서 제출한 서류에 하자가 있거나 오류가 발견되면 해당 업체는 제외하고, 이후 최저가 업체를 선정하는 방식이었다.

이 과정에서 나는 다시 한번 정일규 대표님의 꼼꼼함과 헌신에 깊이 감사하게 되었다. 이전에 지하주차장 바닥 공사를 진행할 때에도 세심한 검토와 철저한 점검으로 큰 도움을 주셨는데, 이번 CCTV 업체 선정에서도 서류 검토를 부탁드렸다. 역시나 한 치의 오차도 없이 철저하게 검토해 주셨다.

문제는 최저가를 제출한 업체의 서류에 하자가 있다는 것이었다. 이 문제로 인해 차순위 업체를 선정하게 되면 아파트는 3억 원이라는 큰 금액을 추가로 부담해야 하는 상황이었다. 하지만 문제의 서류가 정말 '하자'인지 여부는 해석의 차이가 있을 수 있는 애매한 상황이었다.

나는 그저 답답할 뿐이었지만, 정일규 대표님은 포기하지 않으셨다. 직접 해당 서류를 검토하고, 이해관계자들과 일일이 통화하며 상황을 명확히 파악하셨다. 심지어 구청에까지 자문을 구하며 이 서류가 하자가 아님을 증명해 주셨다. 덕분에 우리는 최저가 업체를 그대로 선정할 수 있었고, 결과적으로 3억 원이라는 거액을 절약할 수 있었다. 이 얼마나 큰 역할을 해주신 것인가.

나는 회사일로 바쁘다는 핑계로 관리소에만 맡기고 직접 챙기지 못했던 것이 한없이 부끄러웠다. 중요한 공사를 앞두고 내가 미처 신경 쓰지 못했던 부분을 이렇게 세심하게 챙겨주신 정일규 대표님께 마음 깊이 감사드린다.

가끔은 이런 생각이 든다. 내가 진심으로 봉사하고 최선을 다해 일을 하다 보니, 필요한 순간마다 도움을 주시는 분들이 자연스럽게 나타나는 것이 아닐까. 어쩌면 나의 진정성이 그분들께도 전달되었기에, 그들도 나를 믿고 기꺼이 힘을 보태주시는 것이 아닐까.

아파트에는 정말 좋은 분들이 많다. 이번 경험을 통해 다시금 느낀 것은, 혼자서는 할 수 없는 일들이지만 함께하면 해결할 수 있다는 점이다. 이런 소중한 인연들을 만나고, 함께 성장할 수 있는 과정에 있다는 것 자체가 얼마나 감사한 일인가. 나는 앞으로도 이 감사한 마음을 잊지 않고, 더 나은 성장을 경험하기 위해 최선을 다할 것이다.

3. 지하주차장 리모델링은 급선무

Before

After

Before　　　　　　　　　After

8기 회장의 공약은 '지하주차장 리모델링'이었다. 장기수선계획에서 첫 번째 공사로 고려한 것이 바로 지하주차장 바닥 에폭시 공사, 천장과 벽체 도장, 천장 방수공사였다. 2008년 준공 이후, 지하주차장 보수공사를 전혀 하지 않았기 때문에 천장 누수로 인해 입주민 차량에 낙수가 떨어지는 피해가 속출했고, 보상 요구도 끊이지 않았다. 바닥은 움푹 패여 철근이 노출된 곳도 있었고, 솔직히 말해 지하주차장의 상태는 슬럼화된 아파트 수준이었다. 배수구는 완전히 막혀 있어 폭우 시에는 램프로 물이 역류하며 차량 통행이 불가능할 정도의 침수 피해가 반복되고 있었다.

이러한 상황에서 사업자 선정을 위해 입찰공고를 내면서, 우리는 「주택관리업자 및 사업자 선정지침」에 따라 입찰 참가자격을 제한할 수 있었고, 사업실적, 기술능력, 자본금 등의 기준을 설정했다. 그러나 사업실적의 허점은 유사 공사 수행 경험이 '최근 5년 내 동일 규모 이상의 공사실적 개수'로만 제한된다는 점이었다.

우리 아파트는 5,678세대, 72개 동, 부지면적 68,000평에 달하는 대단지이며, 서문에서 동문까지의 거리가 500~600m에 이른다. 서울 대단지 아파트 중에서도 TOP 5 안에 드는 규모이다. 대규모 공사를 감안해 8개 구역으로 나누어 각 구역당 1개월씩 공사 기간을 산정했으며, 총 공사 기간은 8개월 이상으로 잡았다. 이는 잠실엘스 역사상 역대급 대공사였다.

각 구간별로 동대표님들께 감독관 역할을 요청하고, 관리소와 함께 관리감독을 진행했다. 특히 1구역 공사가 시작되면서 다양한 민원이 발생했고, 시방서와 계약서에서 놓친 부분이 없는지 확인하는 작업이 필수적이었다. 이때 '정일규 대표님'이 큰 역할을 해주셨다. 그는 공사업체 및 감리업체와 정기적으로 미팅을 진행하며, 공사 현장에서 매일 공사업체와 함께 움직이며 문제를 해결해 나갔다. 처음 시방서에는 바닥 에폭시 도장, 천장 및 벽체 도장, 천장 방수공사만 포함되어 있었기에 부속공사들이 빠져 있었고, 우리는 공사업체로부터 추가 공사를 서비스로 받아내야 하는 상황이었다.

정일규 대표님은 공사업체가 제출한 5개의 실적서를 검토한 후, 해당 아파트 관리소장들에게 직접 전화를 걸어 업체에 대한 만족도 조사를 진행했다. 다행히 최근 공사를 수행한 아파트들에서는 긍정적인 평가가 많았다. 하지만 문제는 우리 아파트의 공사 금액 규모가 이

업체가 수행한 공사 중 최대 금액이라는 점이었다. 즉, 업체의 대규모 공사 경험이 부족했다.

이에 따라 정일규 대표님은 나에게 대책회의를 요청했고, 공사업체 대표, 관리소장, 임원들이 모여 논의했다. 과연 이 업체가 잠실엘스 대규모 공사를 끝까지 완수할 수 있을까? 확신이 들지 않았다. 대표의 각오와 의지를 직접 확인해 봐야 했다. 나는 공사를 완수할 수 있는지 직접 확인하고, 이에 대한 책임을 분명히 하도록 요구했다.

우리는 공사업체에게 두 가지 선택지를 주었다. 계약을 취소하든지, 아니면 우리가 요구하는 추가 공사 항목을 모두 수용하든지. 결국 업체는 후자를 선택했고, 우리는 추가 공사 항목을 리스트업하여 대표에게 서명을 받았다. 당초 하자보수 기간 2년에서 1년을 추가해 총 3년으로 연장하는 합의도 이끌어냈다. 추가 공사 항목에는 지하 1층 전체 약 6천여 개의 코너 보호대 설치, 주차 과속 방지턱 추가, 지하주차장 배수로 트렌치 방수 및 주차선 추가 도장 등이 포함되었다. 현재 이 업체는 현재 1에서 6구역까지 공사를 마무리하고 7과 8구역 공사를 진행 중이다.

도색 시안 문제도 간단하지 않았다. 당초에는 제비스코 페인트의 시안 담당자가 디자인을 결정하는 수준이었으나, 우리는 별도로 시각디자인 업체를 고용해 지하주차장 도색 시안을 여러 가지로 제안받았고, 최적의 디자인을 선정하는 과정을 거쳤다.

이처럼 신축과 기축 아파트 공사의 가장 큰 차이점은 '입주민이 거주하는 상태에서 공사가 진행된다'는 점이다. 신축 공사는 주로 공사 주변 인근 단지의 민원만 발생하는데 비해, 기축 아파트 공사는 입주민들이 매일 공사 현장을 지나다니며 불편을 겪는 만큼 민원이 하루에도 몇 차례씩 반복된다. 공사업체는 관리소장과 입주자대표회의를 통해 공식적인 소통을 진행하면서도, 개별 입주민들의 민원에도 즉각 대응해야 한다. 공사 안내 방송, 공고문 배포, 주차장 통제 일정 조율 등 신경 써야 할 부분이 훨씬 많다.

이러한 점에서 기축 아파트 공사업체는 단순한 시공 능력뿐만 아니라 입주민과의 커뮤니케이션 능력이 필수적이다. 공사 일정 연장을 방지하고 적기에 완공하려면, 입주민들이 이해할 수 있도록 쉽게 설명하고 협조를 이끌어내는 능력이 중요하다. 따라서 신축 아파트 공사 경험만으로는 기축 아파트 공사를 수행하기 어려우며, 오히려 기축 아파트 공사 경험이 풍부한 업체들이 더 경쟁력을 가질 수 있다.

앞으로 기축 아파트 공사 시장이 더욱 전문화되기 위해서는, 공사업체가 단순한 시공 능력을 넘어 입주민 커뮤니케이션, 민원 대응, 공사 안내 및 협의 과정까지 체계적으로 준비할 필요가 있다. 우리는 이번 공사를 통해 이러한 점을 직접 경험했고, 기축 아파트 공사 시장이 변화해야 할 방향을 확인할 수 있었다.

4. 공동현관을 자동으로 통과하기

잠실엘스 아파트는 2008년 준공 당시 H사의 로비폰이 1층, 지하 1층, 지하 2층의 공동현관에 설치되었으며, 세대 내 월패드와 연동되어 운영되고 있었다. 하지만 기존 로비폰은 카드키로만 작동되었고, 카드키를 소지하지 않은 경우 경비실을 호출해 문을 열어야 했다. 특히, 단지 내에 초·중·고등학교가 있다 보니, 하교 시간마다 경비 초소에는 아이들이 몰려와 문을 열어달라는 요청이 끊이질 않았다. 경비원들은 본연의 업무보다 출입문 개폐 요청에 시달리는 일이 많았고, 이는 입주민들의 불편함으로 이어졌다.

이 문제를 해결하기 위해 핸드폰 자동 인식 시스템을 갖춘 최신 로비폰으로 교체를 추진하게 되었다. 또한, 이에 맞춰 기존 여닫이식 방화문을 미닫이 슬라이딩 도어로 바꾸어 입출입의 편리함을 극대화하고자 했다.

새로운 로비폰 도입, 하지만 난관의 연속

당초 감리사는 장기수선계획 내 예산의 한계로 인해 중저가 로비폰을 설계에 반영했다. 이 모델은 월패드 연동 없이 핸드폰으로 공동현관 개폐가 가능하도록 설계된 제품이었다. 감리사는 입주민들이 집 안에 있을 때 굳이 월패드를 사용하지 않고 핸드폰으로 바로 문을 열 수 있다면 더 편리할 것이라고 판단한 것이다.

하지만 첫 설계 회의에서 감리사가 제안한 중저가 로비폰을 살펴보니, 예상치 못한 여러 가지 문제가 드러났다. 먼저, 연세 있으신 입주민들은 기존 월패드를 통해 문을 여는 방식에 익숙했으며, 얼마 전 일부 세대에서는 자체적으로 월패드를 교체한 상황이었다. 새로운 로비폰이 기존 월패드와 연동되지 않는다면, 최근 교체한 세대의 월패드는 무용지물이 되는 셈이었다. 또한, 감리사가 제안한 로비폰 브랜드는 대형 단지에서 검증된 바가 없어 신뢰도가 낮았고, 입주민들로부터 반대 민원이 빗발칠 것이 예상되었다.

이에 따라 긴급 대책 회의가 소집되었다. H사의 최신 로비폰으로 교체하는 것이 가장 좋은 해결책이었지만, 단가가 높아 예산 내에서 조정하기가 쉽지 않았다. 마침 과거 아파트 내에서 공동구매로 월패드를 교체한 적이 있었기에, 그때 담당자에게 연락을 해 도움을 요청했다. 다행히도 H사에서는 잠실엘스 아파트의 대규모 물량을 감안해 단가를 조정해 주기로 했고, 우리 단지에 맞춘 제품을 납품할 수 있도록 협의가 이루어졌다.

하지만 예산 조정만으로 해결될 문제가 아니었다. 이는 기존 설계안을 변경하는 것이었기에 입주자대표회의의 공식적인 의결이 필요했다. 다행히 공사업체에서 아파트의 민원을 해결하는 방안으로 로비폰 제품 변경을 공식적으로 제안하는 공문을 보내주었고, 이를 바탕으로 대표회의 의결을 거쳐 최종적으로 최신 로비폰 교체를 확정할 수 있었다.

Before　　　　　　　　　　After

Before　　　　　　　　　　After

변경 1) 반투명 안개시트 부착　　　변경 2) 이중 슬라이딩 도어

5. 하나의 앱으로 통합해서 이용하기

최신 로비폰을 도입하면서 또 하나의 고민이 생겼다. 기존 시스템과의 연계를 고려해야 했기 때문이다. 공동현관 출입이 핸드폰으로 가능하게 되면서 이를 지원하는 새로운 애플리케이션이 필요했다. 나는 단순히 공동현관 출입만 가능한 앱이 아닌, 방문 주차 등록, 커뮤니티 시설 예약까지 한 번에 가능한 통합 앱을 도입하고자 했다. 여러 개의 앱을 따로 설치해 각각의 기능을 이용해야 하는 신축 아파트 사례를 보면서, 이것이 입주민들에게 얼마나 불편한지 직접 경험한 적이 있었기 때문이다.

기술이 아무리 빠르게 발전해도 사용자가 불편하면 의미가 없다.

신축 아파트에서도 여러 개의 앱을 설치하게 하거나, 입주민들이 새로운 시스템을 익히는 데 어려움을 겪는 경우가 많았다. 나는 잠실엘스 아파트에서는 그런 불편함을 반복하지 않도록 하고 싶었다. 기술의 발전 속도가 사용자의 수용 속도를 고려하지 않으면 오히려 불편을 초래할 수 있다. 모든 변화는 단계적으로 진행되어야 하며, 새로운 기능이 추가될 때마다 입주민들이 자연스럽게 적응할 수 있도록 해야 한다는 점을 이번에 깨달았다.

변화를 만드는 과정에서 얻은 교훈

이번 로비폰 교체 과정은 단순한 시설 교체 이상의 의미가 있었다. 우리는 편리한 기능을 추가하는 것이 단순한 기술적 문제가 아니라, 입주민의 사용성, 기존 시스템과의 연계, 예산, 민원 등의 다양한 요소를 고려해야 하는 복합적인 문제임을 몸소 체험했다.

무엇보다 이번 프로젝트를 진행하며 많은 도움을 받았다. 공동구매 담당자, 공사업체, 감리사, 입주자대표회의 임원진 등 여러 사람들의 협력 덕분에 예산 조정부터 설계 변경, 입주민 의견 반영까지 원활하게 진행할 수 있었다.

결국, 우리가 살아가는 공간을 더 편리하고 가치 있게 만드는 것은 단순한 기술이 아니라 그 기술을 어떻게 조화롭게 적용하고, 입주민들이 편하게 받아들일 수 있도록 고민하는 과정이라는 점을 명확히 알게 되었다.

우리도 이제 손 안 대고 자동문을 열 수 있게 되었다. 하지만 이 변화가 단순한 '기능 추가'가 아니라, 입주민들이 더 편안한 생활을 할 수 있도록 설계된 '배려의 결과물'이라는 점에서 더욱 의미가 크다고 생각한다.

6. 더 나은 디자인을 위해 고민하다

아파트 단지 내 72개 동이 4개의 시공사에 의해 건설되다 보니, 공동현관의 위치와 크기가 제각각이었다. 슬라이딩 도어를 새롭게 설치하려면 벽면에 충분한 여유 공간이 있어야 하지만, 일부 동은 공간이 부족한 상태였다. 이로 인해 몇몇 현관에는 프레임이 길게 튀어나온 채 설치되는 문제가 발생했다.

이 문제를 처음 발견한 관리소 전기팀장은 즉시 보고하였고, 박소영 이사님은 빠르게 대책회의를 요청했다. 단순한 시공상의 문제로 넘길 것이 아니라, 아파트 전체의 미관과 기능성을 고려해야 한다는 것이었다. 시공사는 두 가지 대안을 제시했고, 박 이사님은 모든 가능성을 검토하며 밤늦도록 임원진들과 논의했다. 최종적으로 이 중 슬라이딩 도어를 도입하는 것이 가장 합리적인 해결책이라는 박 이사님의 의견이 받아들여졌고, 해당 동에 적용하게 되었다.

또한, 박 이사님은 투명 유리 슬라이딩 도어가 충돌 위험을 초래할 수 있다고 지적하며, 로비폰 라인과 맞추어 반투명 안개 시트를 부착할 것을 제안했다. 이 과정에서 아파트의 브랜드 아이덴티티를 살려 엘스 로고를 추가하는 아이디어도 함께 적용되었다.

채널 등 역시 초기에는 지하주차장 도색과 연계하여 구역별 색상을 다르게 적용하려 했지만, 박 이사님의 세심한 시각 덕분에 모든 주동 출입구를 Dark Gray 컬러로 통일하는 것으로 변경되었다. 덕분에 각 동의 표기가 더 선명해지고, 전체적인 디자인이 훨씬 조화롭게 마무리되었다.

변화를 만드는 과정에서 얻은 교훈

이번 프로젝트를 통해 나는 세부적인 디자인 요소 하나하나가 입주민들의 생활에 미치는 영향을 깊이 깨닫게 되었다. 또한, 박소영 이사님의 철저한 검토와 적극적인 제안이 없었다면 우리는 중요한 부분을 놓칠 수도 있었다. 박 이사님께 다시 한번 깊은 감사를 전하고 싶다.

결국, 우리가 살아가는 공간을 더 편리하고 가치 있게 만드는 것은 단순한 시설 교체가 아니라, 입주민들의 삶을 더욱 편리하고 쾌적하게 만들려는 우리의 관심과 노력으로 이루어질 수 있는 것이다.

(Before) 잘 안 보였던 오렌지 컬러   (After) Dark Gray로 고급스러움 살리기

7. 결국, 명품아파트는 거주자가 만든다

입주자들과 함께 명품아파트를 만들어가는 과정에서, 나는 다시 한번 확신할 수 있었다. 건설사가 아무리 좋은 아파트를 지어도, 그것을 명품으로 유지하고 발전시키는 것은 결국 거주자의 몫이라는 사실이다.

입주자들과 소통하며, 나는 단순한 하드웨어의 완성도가 아닌, 입주민 스스로가 적극적으로 참여하는 공동체 문화가 아파트의 가치를 결정한다는 점을 직접 경험했다. 처음에는 단순히 시공사와 입주자 간의 의견 조율에서 출발했지만, 점점 더 입주자들이 자발적으로 문제를 해결하고, 의견을 모으고, 함께 방향을 설정하는 모습으로 변화하는 것을 보았다. 그 과정에서 명품아파트를 만드는 진정한 힘은 **'좋은 시설'**이 아니라 **'좋은 거주 문화'**라는 사실을 깨달았다.

특히, 입주민들이 스스로 공동체 활동을 기획하고, 관리 규정을 함께 만들어가는 과정에서 아파트의 가치는 더욱 높아졌다. 갈등을 조정하고, 입주민들의 의견을 하나로 모으며, 궁극적으로는 모두가 살고 싶은 공간을 스스로 만들어가는 모습은 건설사나 관리 주체만으로는 절대 이룰 수 없는 변화였다.

나는 이러한 경험을 통해 명확한 결론을 내렸다.

명품아파트는 건설사가 만드는 것이 아니라, 거주자가 만들어가는 것이다.

이제, 3장에서는 명품아파트를 유지하고 발전시키기 위해 거주자들이 해야 할 역할과 실질적인 방안에 대해 이야기하고자 한다. 좋은 아파트를 뛰어넘어, '살고 싶은 아파트'로 만들기 위해 우리는 무엇을 해야 하는가? 그 답을 찾아가는 과정이 될 것이다.

APT

명품아파트는 누가 만드는가?

4장

명품아파트로의 부동산 정책 변화

1. 현재 부동산 정책의 한계
2. 부동산 정책의 패러다임 변화
3. 그리고 거주자의 역할

1. 현재 부동산 정책의 한계

현재의 부동산 정책은 몇 가지 중요한 한계를 가지고 있다. 첫째, 부동산을 투자 자산으로만 바라보는 경향이 강해 실거주자의 주거 환경 개선과 서비스 확대에 대한 정책적 고려가 부족하다. 둘째, 고령화 사회에 대비한 'Aging in Place' 정책이 미흡하여 실버타운, 커뮤니티 중심 주거공간, 고령자 친화적 아파트 디자인에 대한 지원이 부족하다. 셋째, 건설사들이 아파트 준공 후 발생하는 하자 문제를 입주자대표회의와 관리업체에 떠넘기는 구조적 문제가 지속되고 있다. 넷째, 기술 발전과 부동산 정책의 연계가 부족하여 스마트홈, AI, IoT 기반의 주거 혁신이 더딘 상황이다.

자세히 들여다보자면,

① 실거주자의 삶의 질 고려 부족

부동산을 투자 및 가격 관리 대상으로만 접근하는 경향이 강하다.

공급 확대에만 초점을 맞추고, 시설 공급만 고민하고 주거 서비스 및 환경 개선 정책이 미흡하다. 그 안에 살고 있는 공동체의 삶에 대한 이해가 부족하다.

② 'Aging in Place' 시대에 맞지 않는 정책

평생 주거지의 개념이 도입되어, 내가 살고 있는 곳에서 늙어가고 싶어 한다.

고령자 맞춤형 주거환경, 실버타운, 커뮤니티 중심 주거공간 조성 정책이 부족하다.

노후 아파트 재생 및 리모델링 지원에 대한 개념이 부족하다.

③ 하자보수 및 관리 체계 미비

건설사들이 아파트 준공 이후 하자 문제를 입주자대표회의 및 관리업체에 떠넘기는 구조이고 건설사와의 갈등을 소송으로 해결하는 경향이 높아졌다.

하자보수 소송 증가에도 불구하고, 판결금의 투명한 사용과 사후

관리가 아쉽고 실제 시설관리에 이 비용들이 쓰이고 있지 못한 실정이다.

④ **기술 발전과의 연계 부족**

AI, IoT, 스마트홈 기술을 반영한 주거 혁신 정책이 미흡하다. 신축의 아파트만 좋아질수 있다. 기축 아파트도 변화할 수 있는 제도가 있어야 한다. 자율주행, 스마트시티와 연계된 기축 아파트의 변화를 위한 주거 정책도 고민되어야 한다.

2. 부동산 정책의 패러다임 변화

우리나라는 아파트 공화국이다. 아파트는 우리가 살아가는 '생활터전'이다.

그러나 '똘똘한 한 채'라는 아파트 정책의 부작용 속에서 강남3구에 대한 쏠림현상과 집값 양극화가 심화되고 있다. 지방은 미분양과 빈집으로 몸살을 앓고 있고 도시는 점점 균형을 잃어가고 있다.

저자는 『명품아파트의 법칙』을 통해 아파트의 가치를 다시 묻고 싶다.

신규 아파트 공급 위주의 '공급자' 중심의 정책에서, 이제는 기축아파트의 거주 환경 개선을 위한 '거주자' 중심의 정책으로. 풍선효과 부작용의 정부 주도의 부동산 규제 정책에서 이젠 민간 자율성의 시장경제에 따른 시장 친화정책으로 전환되어야 한다.

현재의 도시 불균형을 기축 아파트 리디자인으로 눈을 돌린다면 아파트의 미래 비즈니스도 달라질 수 있으며 도시도 지속가능해진다.

이러한 한계를 극복하기 위해 부동산 정책은 공급자 중심에서 벗어나, 거주자 중심의 패러다임으로 전환되어야 한다.

첫째, '라이프-인프라' 정책을 도입하여 주거 서비스, 환경 개선, 공동체 활성화를 지원해야 한다. 부동산을 단순한 투자 상품이 아닌, 거주자의 삶을 위한 필수 인프라로 접근하는 것이 필요하다.

- 장기수선계획의 항목 중, 아파트의 특성에 맞게 추가할 수 있는 신규항목을 추가하여 유연하게 계획을 수립할 수 있어야 한다. 현재는 긴급공사에 한하여 그리고 3년마다의 정기조정 또는 입주민 과반수 이상의 동의 절차를 마친 수시조정에 의해서만 공사가 가능하다. 신규항목을 유연하게 수립하여 공동체 환경 개선을 할 수 있도록 해야 한다.

둘째, 'Aging in Place' 시대에 대비한 주거 정책 개혁이 필수적이다. 고령 친화적 주거 정책을 강화하고, 실버타운과 노후 아파트 리모델링 지원을 확대하여 고령자들이 살기 좋은 환경을 조성해야 한다.

장기수선계획 예산 항목에 신규 리모델링 항목을 반영하거나 리모델링법도 기축 아파트 실정에 맞게 개정되어야 하겠다.

셋째, 건설사의 준공 후 5년간 직접 운영을 의무화하여 하자보수 및 서비스 품질 개선을 책임지도록 해야 한다. 이를 통해 초기 입주자들이 겪는 문제를 최소화하고, 건설사의 책임성을 강화할 수 있다. 실제 운영을 하면서 시설 관리와 서비스 제공에 대해 고객 피드백을 분석하여 신축 공급 시 재반영할 수 있는 선순환 설계 시스템이 갖춰질수 있겠다.

넷째, 아파트를 스마트시티 및 스마트홈 기술의 테스트 베드로 활용해야 한다. 나는 이것을 리빙 이노베이션 정책이라 하고 싶다. 내가 살고 있는 집에도 혁신기술을 받아들이고 싶은 거니까.

이를 위해 아파트 단지를 스마트시티 기술 실험 공간으로 지정하고, AI, IoT, 에너지 효율 시스템을 적용할 수 있도록 지원하는 정책이 필요하다. 또한, 장기수선충당금 예산 항목에 스마트 기술 도입을 포함하고, 스마트 에너지 관리 시스템 및 AI 기반 유지보수 솔루션을 도입하는 아파트 단지에는 세제 혜택과 관리비 절감 인센티브를 제공

해야 한다.

'리빙 이노베이션(Living Innovation)' 정책을 추진하여 스마트홈, AI 기반 주거 서비스, 데이터 기반 부동산 관리 시스템을 도입해야 한다. 자율주행 시대를 대비한 도시 계획과 주거 공간의 연계도 함께 고려해야 한다.

3. 그리고 거주자의 역할

앞서 살펴본 바와 같이, 부동산 정책은 이제 공급자 중심에서 거주자 중심으로 변화해야 한다. 하지만 정책 변화만으로는 명품아파트가 저절로 만들어지지 않는다. 아파트의 가치는 결국 그 안에서 살아가는 사람들이 만들어가는 것이다.

건설사가 아무리 좋은 아파트를 지어도, 시간이 지나면서 관리가 제대로 되지 않거나 공동체가 약해지면 그 가치는 자연스럽게 하락한다. 반대로, 입주민들이 직접 나서서 개선하고, 함께 고민하며 발전시킨다면, 평범한 아파트도 명품아파트로 거듭날 수 있다. 이것이 바로 '거주자의 역할'이 중요한 이유다.

나는 직접 경험을 통해 배웠다. 아파트의 환경을 개선하고, 공동체 문화를 형성하는 과정에서 진정한 보람을 느낄 수 있다는 사실을. 처음에는 단순히 문제를 해결하기 위해 시작했지만, 시간이 지나며 변화를 만들어가는 과정이 즐겁고 의미 있는 일이 되었다. 입주민들이 함께 만들어낸 작은 변화들이 쌓여갈 때, 아파트는 단순한 거주 공간을 넘어 살고 싶은 공간, 자랑스러운 공간이 된다.

그래서 나는 여러분에게도 추천하고 싶다. 우리 아파트를 명품아파트로 만들고 싶다면, 직접 참여해 보자.

입주자대표회의에 관심을 가져보고, 동대표로 나서서 아파트 문제를 함께 해결하는 역할을 맡아보자. 처음에는 어렵고 번거로워 보일 수도 있다. 하지만 나의 작은 노력 하나가 모여, 내 집의 가치가 올라가고, 우리 가족이 더 좋은 환경에서 살아갈 수 있다면, 그것만큼 의미 있는 일이 또 있을까?

아파트는 '저절로' 좋은 곳이 되는 게 아니다. 우리가 함께 만들어가는 공간이다. 내가 사는 곳을 더 좋은 곳으로 만들기 위해 작은 관심을 가지고, 행동에 나설 때, 우리의 아파트는 단순한 주거 공간을 넘어 **'함께 만들어가는 공동체'**로 거듭날 것이다. 그리고 그 과정 속에서, 우리는 우리 삶의 또 다른 보람을 찾게 될 것이다.

아파트 일에 함께 동참해 보자. 작은 참여가 큰 변화를 만든다.

끝으로, 아파트의 가치를 단순히 입지, 준공 연도, 브랜드로만 평가하는 시대는 지났다. 이제는 그곳에 어떤 사람들이 살고 있으며, 그들이 어떻게 아파트를 가꾸고 있는지가 더욱 중요한 평가 요소로 떠오르고 있다. 거주자들의 공동체 의식과 적극적인 참여가 아파트의 품격을 결정짓는 핵심 요인이 되고 있다.

이러한 관점은 전략 캔버스에서도 새로운 경쟁력 요소로 반영될 수 있다. 전통적인 요소들 외에도 '거주자 참여도', '공동체 활성화 수준', '주거 환경 개선 노력' 등이 새로운 경쟁력 요소로 추가되어야 한다. 이는 아파트의 가치를 높이는 데 있어 거주자들의 역할이 얼마나 중요한지를 보여준다.

이제는 거주자들이 주체적으로 나서서 아파트를 가꾸고, 공동체를 활성화하며, 함께 살아가는 공간의 가치를 높이는 노력이 필요하다. 이를 통해 아파트는 단순한 주거 공간을 넘어, 삶의 질을 향상시키는 명품 공간으로 거듭날 수 있을 것이다.

"지금 내가 사는 아파트가
바로 명품아파트가 될 수 있다.
거주자가 주체가 되는 아파트,
주민이 함께 관리하고 가꾸는 공동체,
그리고 아파트 정책이 공급자가 아닌
거주자 중심으로 전환될 때
지금 우리가 사는 아파트가
명품아파트로 성장할 수 있습니다."

명품아파트는 누가 만드는가?

부록 1.

입주자대표회의 안건처리 현황 (총 390개 안건)

회의 일자 및 안건

2021. 4. 29. (목)

제1호 안건 : 분야별 선 조치 대응 추인의 건
제1-1호 안건 : 입주자대표회의 상대로 한 소송에 대한 대응 추인의 건
제1-2호 안건 : 자가 전기시설 점검 시 단점으로 인한 월패드 보수비용 지급 추인의 건
제1-3호 안건 : 소방시설 점검 시 지적사항 보수 외부 공사업체 선정 추인의 건
제1-4호 안건 : 자가 전기설비 점검 시 지적사항 보수업체(변전실 부품 교체 및 축전기 교체) 선정 추인의 건
제1-5호 안건 : 관리직원(경비, 미화 포함) 하계휴가비 및 명절(추석, 구정)격려금 지급 추인의 건
제2호 안건 : 계약만료 업체 선정의 건
제2-1호 안건 : 위탁관리업체 선정의 건
제2-2호 안건 : 경비업체 선정의 건
제2-3호 안건 : 청소업체 선정의 건
제2-4호 안건 : 소방용역업체 선정의 건
제2-5호 안건 : 소독용역업체 선정의 건
제2-6호 안건 : 재활용품수거 업체 선정의 건
제3호 안건 : 작동기능점검 지적사항 보수업체 선정의 건
제4호 안건 : 제7기 입주자대표회의 총무이사 및 이사 선출의 건

2021. 6. 16. (수)

제1호 안건 : 2021년도 결산(안) 의결의 건
제2호 안건 : 2021년 사업계획 및 예산(안) 승인의 건
제3호 안건 : 서울시 표준관리규약 개정에 따른 당아파트 관리규약 5차 개정의 건
제4호 안건 : 제7기 입주자대표회의 이사 및 총무이사 선출의 건

2021. 7. 28. (수)

제1호 안건 : 제13기(2021년) 예산(안) 건
제2호 안건 : 2021년도 관리직원 급여 조정 건
제3호 안건 : 잠실엘스아파트 관리규약(5차) 개정 건
제4호 안건 : 장기수선계획 조정(안) 수립 의뢰 건
제5호 안건 : 제12기(2021년도) 외부회계감사 진행 건
제6호 안건 : 2021년 관리직원 하계휴가 실시 및 휴가비 지급 건

2021. 9. 15. (수)

제1호 안건 : 2021년 보험(주택화재등) 가입 건
제2호 안건 : 소방시설 점검 및 유지관리업체 선정 건
제3호 안건 : 손해배상 청구소송 관련 항고 여부의 건
제4호 안건 : 2021년 관리직원 추석 떡값 지급 건
제5호 안건 : 기타 안건

2021. 10. 20. (수)

제1호 안건 : 시설물 정밀안전점검 업체 선정 건
제2호 안건 : 직방모빌 스마트주차장 운영 정책 승인 및 기존 엘스홈페이지 계약 종료 건
제3호 안건 : 2021년 상반기 특별 회계감사 추진 건
제4호 안건 : 기타 안건

2021. 11. 26. (금)

제1호 안건 : 전임회장 김원구 지체상금 반환 청구 건
제2-1호 안건 : 2021년 소방종합정밀점검 지적사항 보수공사 업체선정 입찰 건
제2-2호 안건 : 소방시설 유지관리업체 계약 추인 건
제3호 안건 : 승강기 게시판 설치 건
제4호 안건 : 전기안전 직무고시 대행업체 선정 계약 건
제5호 안건 : 2021년 송파구청 지원사업 옥외보안등 전기료 지원 신청 건
제6호 안건 : 2022년 희망온돌 따뜻한 겨울나기 성금 지원 건

2021. 12. 28.(화)

제1호 안건 : 2021년도 추경 예산안
제2호 안건 : 2022년도 공동주택지원사업 신청 건
제3호 안건 : 관리규약 개정 건
제4호 안건 : 입주자대표회의 임원 선출 건

2022. 1. 4.(화)

제1호 안건 : 시설물 정밀안전점검업체 선정 수의 계약 건
제2호 안건 : 주차관리 규정 개정 건

2022. 1. 26.(수)

제1호 안건 : 가지급금 회계처리 소위원회 구성 건
제2호 안건 : 김원구 전 회장 GK지체상금 지급 보류 건
제3호 안건 : 소송비용액 확정에 따른 지급 건
제4호 안건 : 2022년 예산안 심의 건
제5호 안건 : 관리규약 개정 건
제6호 안건 : 장기수선계획 수시조정 건
제7호 안건 : 용역계약 심의 건
제8호 안건 : 직원 설 격려금 지급 건
제9호 안건 : 기타 안건

2022. 3. 18(금)

제1호 안건 : 가압류 해제(김원구 전 회장) 논의 건
제2호 안건 : 선거관리위원회 관련 관리규약 재심의 건
제3호 안건 : 전기차 도전방지 콘센트 설치 건
제4호 안건 : 2021년도 결산 건
제5호 안건 : 장기수선계획 검토 및 조정(수시) 논의 건
제6호 안건 : 2022년 예산안 논의 건

2022. 3. 31.(목)

제1호 안건 : 지하주차장 무단 적치 폐기물 처리 건
제2-1호 안건 : 광고 및 홍보물 관리규정 제정 건
제2-2호 안건 : 감사규정 제정 건
제2-3호 안건 : 주차 관리규정 개정 건
제3호 안건 : 전산처리 용역 계약 변경 건
제4호 안건 : 관리실 민원 전화 녹취기 설치 건
제5호 안건 : 장기수선계획 수시조정 건
제6호 안건 : 청소용역 2구역으로 분리 입찰 건
제7호 안건 : 가지급금 및 가수금 등 처리를 위한 외부회계용역 건

2022. 4. 26(화)

제1호 안건 : 경비용역업체 선정 입찰공고 심의 건
제2호 안건 : 청소용역업체 선정 입찰공고 심의 건
제3호 안건 : 소독용역업체 선정 입찰공고 심의 건
제4호 안건 : 기계설비성능점검/유지관리업체 선정 입찰공고 심의 건

2022. 5. 11(수)

제1호 안건 : 2022년 소방시설작동기능점검 지적사항 보수공사업체 선정 건
제2호 안건 : 원격검침 유지보수업체 계약 건
제3호 안건 : 정수기렌탈 계약 건
제4호 안건 : 관리실 사용 자동차 보험 계약 건

제5호 안건 : SK중계기 임대차계약 연장 건
제6호 안건 : 1톤 트럭(중고) 구입 건
제7호 안건 : 서문 지하차도 배수로 변경 공사 건
제8호 안건 : 장기수선계획 수시조정 입주자 동의절차 진행 및 조정안 인쇄 건
제9호 안건 : 관리규약 개정안 3단 비교표 인쇄 건
제10호 안건 : 입주자대표회의 회의실 운영규정 제정 건
제11호 안건 : 공동체 활성화 단체 "엘스마중물" 입주자대표회의실 사용 건
제12호 안건 : 관리동 내 경로당 개선 공사 건
제13호 안건 : 소독용역업체 선정 입찰방법 변경 심의 건

2022. 5. 27(금)

제1호 안건 : 관리동 내 어르신 쉼터 개선 공사 건
제2호 안건 : 원격 검침 유지보수업체 계약 건
제3호 안건 : 가지급금 및 가수금 등 처리를 위한 외부회계 자문 용역 건
제4호 안건 : GK법률(박홍규) 항소 여부 건
제5호 안건 : GK법률(박홍규) 판결 가집행 건
제6호 안건 : 금연 아파트 지정의 건
제7호 안건 : 주차관리규정 개정 건
제8호 안건 : 상반기 물탱크 청소 용역 건

2022. 6. 9(목)

제1호 안건 : 김원구 전 회장 손해배상 청구 건
제2호 안건 : 법무법인 주원 선임 건 (피고 박홍규가 항소할 경우)
제3호 안건 : 토지거래허가지역 재연장 반대 현수막 제작 및 게시 건

2022. 6. 23(목)

제1호 안건 : 청소업체 퇴직금 지급 및 정산 건
제2호 안건 : 경비업체 퇴직금 지급 및 정산 건
제3호 안건 : 오·배수관 횡주관 세정 및 집수정 준설공사 건
제4호 안건 : 미화원 휴게실 설치(용도변경) 건
제5호 안건 : 전력자동제어 시스템 복구 공사 건
제6호 안건 : 옥상 중계기 개선 건
제7호 안건 : 주민휴게공간 파고라 기둥 조명공사 건
제8호 안건 : 재활용품 매각대금 조정 건
제9호 안건 : 독서실 운영방안 논의 건

2022. 7. 28(목)

제1호 안건 : 2022년 보험가입(주택화재 등) 건
제2호 안건 : 중계기 시설 개선 및 계약 조정 논의 건
(2-1 KT중계기, 2-2 LG중계기, 2-3 SK중계기)
제3호 안건 : 열교환기 세관공사업체 선정 건
제4호 안건 : 정기예금, 적금 예치 은행 선정 건
제5호 안건 : 청소업체(이오티앤디) 정산 건

제6호 안건 : 장기수선계획 검토 및 조정 건
제7호 안건 : 관리규약 인쇄 제본 건
제8호 안건 : 직원 하계휴가 실시 및 휴가비 지급 건
제9호 안건 : 금연아파트 지정을 위한 동의 업무 선거관리위원회 위촉 건
제10호 안건 : 김원구 전 회장 지체상금 논의 건

2022. 8. 12(금)

제1호 안건 : 승강기 유지보수업체 선정 논의 건
제2호 안건 : 소방시설 점검 및 유지관리업체 선정 논의 건
제3호 안건 : (2021년) 외부회계감사 업체 선정 논의 건
제4호 안건 : 박홍규 소송 및 1심 판결에 따른 가집행 관련 소위원회 구성 논의 건

2022. 9. 19(월)

제1호 안건 : 승강기 유지보수업체 선정 재심의 건
제2호 안건 : 소방시설 점검 및 유지관리업체 선정 재심의 건
제3호 안건 : 부당이득금 반환청구 소송 대응(김원구 전 회장)건
제4호 안건 : 장기수선계획 동의서 징구를 위한 비용 지출 논의 건

2022. 9. 20(화)

제1호 안건 : 2022년도 소방시설 유지관리 사업자 선정 긴급 입찰 건

2022. 9. 27.(화)

제1호 안건 : 가지급금 및 가수금 등 처리를 위한 외부회계 자문 결과에 따른 회계처리 의결 건
제2호 안건 : 작업용 운송 수단 구입 건
제3호 안건 : 세대 월패드 공동구매 구입 건
제4호 안건 : 동문 지하차도 배수로 변경 공사 건
제5호 안건 : 서문 지하차도 과속방지턱 설치 공사 건
제6호 안건 : 141동 부출입구 아스팔트 변경 공사 건
제7호 안건 : 정기예금 예치 은행 선정 건
제8호 안건 : 직원 명절 격려금 지급 건

2022. 10. 27.(목)

제1호 안건 : 블루투스 공동현관 출입시스템 도입 논의 건
제2호 안건 : 소방정밀점검 지적사항 보수공사 업체 선정 건
제3호 안건 : 하반기 저수조 청소 업체 선정 건
제4호 안건 : 옥상 중계기 개선공사 및 계약 건
제5호 안건 : 전기안전 직무고시 대행업체 선정 계약 건
제6호 안건 : 3/4분기 세입·세출결산서 보고
제7호 안건 : 정기예금 만기·전환 및 9월 정기예금 재예치 건
제8호 안건 : 6변전실 ACB차단기 교체 공사 건
제9호 안건 : 주차규정 재개정(안)

2022. 11. 24.(목)

제1호 안건 : 장기수선충당금 조정에 관한 건
제2호 안건 : 2023년 사업계획서 및 예산(안) 승인 건
제3호 안건 : 주차장 관리 규정 개정의 건
제4호 안건 : 승강기 내 모니터(TV) 설치에 관한 건
제5호 안건 : 키링 블루투스(현관문 자동 출입시스템) 설치의 건
제6호 안건 : 134동 세대 유리창 보상건
제7호 안건 : 2022년 공동주택 옥외보안등 전기료 신청의 건

2022. 12. 23.(금)

제1호 안건 : 승강기 쉬브, 로프 등 긴급 보수의 건
제2호 안건 : 2023년 사업계획서 및 예산(안) 승인 건
제3호 안건 : 승강기 내 벽체 코팅면(하이그로시) 복원 작업의 건
제4호 안건 : 지하주차장 누수 차량 피해 보험처리 기준의 건
제5호 안건 : 2023년 희망온돌 따뜻한 겨울나기 성금 기부의 건
제6호 안건 : 세부주치의 수수료 인상의 건
제7호 안건 : 야쿠르트 배달원 판매행위 허가 건

2023. 1. 26.(목)

제1호 안건 : 승강기 내벽 손상 보수작업의 건
제2호 안건 : 설명절 격려금 지급 추인의 건
제3호 안건 : 정기예금 만기 및 정기적금 재예치의 건

2023. 2. 23.(목)

제1호 안건 : 승강기 내벽 손상 보수 대상 호기 선정 및 입찰공고의 건
제2호 안건 : 관리동 3층 문고 활용방안의 건
제3호 안건 : 전기차 충전기 추가 설치의 건
제4호 안건 : 아파트 외부 유리창 청소의 건
제5호 안건 : 160동 1호 라인 앞 화단 편백나무 제거의 건
제6호 안건 : 정수기 렌탈 제안의 건

2023. 3. 23.(목)

제1호 안건 : 세대 인테리어 전수조사 시행의 건
제2호 안건 : 2022년 이익잉여금 처분 등 결산 및 세입세출 보고 건
제3호 안건 : 2022년 추가경정 건
제4호 안건 : 소독용역업체 재계약 관련 심의 건
제5호 안건 : 청소용역업체 재계약 관련 심의 건
제6호 안건 : 경비용역업체 재계약 관련 심의 건
제7호 안건 : 주책관리업자 재계약 관련 심의 건
제8호 안건 : 승강기 주요 부품 교체의 건 (장충금 사용 건)
제9호 안건 : 정기예금 만기 및 정기적금 재예치 건
제10호 안건 : 잠실2동 나눔장터 개최의 건

2023. 4. 19.(수)

제1호 안건 : 제8기 입주자대표회의 이사 선출의 건
제2호 안건 : 2022년 이익잉여금 처분 등 결산 및 세입세출 보고 건

제3호 안건 : 추가경정 예산 건
제4호 안건 : 승강기 주요부품 교체의 건(장충금 사용 건)
제5호 안건 : 경비용역업체 재계약의 건
제6호 안건 : 청소용역업체 재계약의 건
제7호 안건 : 소독용역업체 재계약의 건
제8호 안건 : 기계설비성능점검/유지관리업자 선정 입찰공고 건
제9호 안건 : 주택관리업자선정 입찰공고(안) 심의 건
제 10호 안건 : 정기예금 만기 및 정기적금 재예치 건

2023. 5. 24.(수)

제1호 안건 : 가정의달 미화, 보안직원 감사 이벤트 행사 비용 추인의 건
제2호 안건 : 아파트 외부 유리창 청소의 건
제3호 안건 : 외부회계감사 업체선정의 건
제4호 안건 : 엘리베이터 보양재 구입에 관한 건
제5호 안건 : 2023년 1/4분기 세입세출 보고 건
제6호 안건 : 토지거래허가제 해제 관련 현수막 제작의 건
제7호 안건 : 관리규약 일부개정의 건
제8호 안건 : 독서실 이용방안 변경의 건
제9호 안건 : 물탱크 청소의 건
제10호 안건 : 관리비 등의 체납자에 대한 조치 강화의 건

2023. 6. 28.(수)

제1호 안건 : 동대표 분과(시설/ 환경/ 조경/ 대외협력) 활동의 건
제2호 안건 : 용역·위탁관리 기간 변경의 건
제3호 안건 : 송파구청 개정 권고사항 변경의 건
제4호 안건 : 선거관리위원회 운영 등 변경의 건
제5호 안건 : 엘리베이터 보양재 사용료 징수의 건
제6호 안건 : 2023년 직원 하계휴가 시행의 건
제7호 안건 : 단지 내 세차업자 선정 운영 시행의 건
제8호 안건 : 승강기 주요부품 교체의 건(장충금 사용건)
제9호 안건 : 지하주차장 동,서문 바닥 등 차선 도색의 건
제10호 안건 : 2022가소334529 부당이득금 사건 판결선고에 따른 지급액 반환의 건
제11호 안건 : 2023년 장기수선계획 정기조정 대행업체 선정의 건
제12호 안건 : 주차장 관리 개선의 건
제13호 안건 : 전기차 충전기 설치 소위원회 구성의 건
제14호 안건 : 주차관리 관련 관리규약 개정 소위원회 구성의 건
제15호 안건 : 장기수선충당금사용계획 승인의 건(103동1002호외 269개소 하수관탈락보수)

2023. 7. 26.(수)

제1호 안건 : 2/4분기 세입,세출보고 건
제2호 안건 : 승강기 유지관리업체 선정의 건
제3호 안건 : 소방시설 유지관리업체 선정의 건
제4호 안건 : 입주자대표회의 운영안
제5호 안건 : 선관회의 운영 관련 논의

제6호 안건 : 도시가스요금 관리비고지서 합산 청구의 건
제7호 안건 : CCTV 74대 영상불량 보수공사 관련 건
제8호 안건 : 정자 보수의 건
제9호 안건 : 미리내광장(도서관 뒤) 분수대 철거 논의
제10호 안건 : 2023년 장기수선계획 검토 건
제11호 안건 : 시공사 하자소송 판결금 분배
제12호 안건 : 송파구청 과태료 부과에 대한 이의제기 건

2023. 8. 9.(수)

구상권 청구의 소에 대한 변호사 선임 비용 지출의 건

2023. 8. 30.(수)

제1호 안건 : 장기수선계획 정기조정 검토 건
제2호 안건 : 주택화재보험 등 제보험 가입 건
제3호 안건 : 선큰가든(163동 지하) 분수대 앞 데크 교체 건
제4호 안건 : 화단 밑 하수관 막힌곳(17개동) 보수공사 건
제5호 안건 : 승강기 유지보수업체 재계약 건
제6호 안건 : 승강기 주요 부품 교체의 건(장충금사용)
제7호 안건 : 소방시설 유지관리업체 선정 건
제8호 안건 : 자문변호사 지정 계약 건

2023. 9. 25.(월)

제1호 안건 : 2023년 장기수선계획 정기조정 건
제2호 안건 : 관리규약 제6차 개정(안) 검토 건
제3호 안건 : 전기차 충전기 설치업체 선정 건
제4호 안건 : 2023년 직원 추석명절 격려금 지급 건
제5호 안건 : 하반기 관리소직원 체력단련행사 건
제6호 안건 : 승강기 주요부품 교체 건(장충금 사용)
제7호 안건 : 문고실 운영방안 소위원회 구성 건
제8호 안건 : 엘리베이터 관리 소위원회 구성 건
제9호 안건 : 2023년 장충금 공사 송파구청 자문신청 건

2023. 10. 25.(수)

제1호 안건 : (23년 장충) 미술장식품 변경설치 건(꽃장식문주 4개 리모델링)
제2호 안건 : (23년 장충) 주차차단기 교체 건
제3호 안건 : (23년 장충) 운동시설 기구 교체건
제4호 안건 : 독서실 의자 교체 건
제5호 안건 : 전기설비 정기점검 대행업체 신규계약 신청 건
제6호 안건 : 23년 공동주택 옥외보안 등 전기료 지원 신청 건
제7호 안건 : 3/4분기 세입 세출 결산서 보고 건
제8호 안건 : 23년 장충공사 적격심사 평가위원 구성 건
제9호 안건 : 자전거도로 포장공사비 지급요청 건
제10호 안건 : 주차규정 개정의 건
제11호 안건 : 서울시 준칙 변경에 따른 관리규약 개정 건
제12호 안건 : 서울시 준칙 변경에 따른 관리규약 개정 건

제13호 안건 : 2023년 추가 경정 예산 승인 건
제14호 안건 : 정기예금 만기 및 재예치 건

2023. 11. 22.(수)

제1호 안건 : 주차규정 개정의 건
제2호 안건 : 2024년 사업계획서 및 예산(안) 심의(승인) 건
제3호 안건 : 소방시설점검 지적사항 긴급 보수공사 추인 건
제4호 안건 : 승강기 주요 부품 긴급 교체공사(현대 E/L) 승인 건
제5호 안건 : 2022년도 외부회계감사 보고 건
제6호 안건 : 송파구청 시설지원사업에 쉼터경로당 시설 개보수 지원 건

2023. 12. 5.(화)

제1호 안건 : 2024년 사업계획서 및 예산(안) 승인 건
제2호 안건 : 지하창고 폐기물 처리 건
제3호 안건 : 2024년 희망온돌 따뜻한 겨울나기 성금 기부 건

2023. 12. 21.(목)

제1호 안건 : 경로당(2개소: 잠실엘스경로당, 잠실쉼터경로당) 지원금 인
　　　　　　상의 건
제2호 안건 : 2024년 사업계획서 및 예산(안) 승인 건
제3호 안건 : 주차차단기 교체 건
제4호 안건 : 미리내 광장 분수대 철거 재심의

제5호 안건 : 동, 서문 주출입구 조명 및 경계조형물 보수의 건
제6호 안건 : 입주자대표회의실 및 문고실 이용 관련 건
제7호 안건 : 수변전실 긴급 보수공사 건

2024. 1. 24.(수)

제1호 안건 : 경로당(엘스경로당,쉼터경로당) 지원금 인상 재논의 건
제2호 안건 : 장기수선충당예치금 정기적금 신규 가입 건
제3호 안건 : 2024년 직원 설명절 격려금 지원 건
제4호 안건 : 2023년 4/4분기 세입, 세출 결산서 보고 건
제5호 안건 : 2024년 장기수선계획 공사 건

2024. 2. 19.(월)

제1호 안건 : 지하주차장 바닥공사외 설계감리업체 선정 적격심사 참가업체(8개) 입찰서류 상황, 법적 검토 및 구청 자문 관련 사항

2024. 2. 28.(수)

제1호 안건 : 2023년 사업실적, 결산보고 및 이익잉여금 처분 건
제2호 안건 : 승강기 주요부품 교체공사 추인 건
제3호 안건 : 관리동 지하 1층 GX룸 인테리어 공사 건
제4호 안건 : 2024년 적격심사제 운영방법 결정 건

2024. 3. 19.(화)

제1호 안건 : 외벽도장공사 하자보수 요청 건
제2호 안건 : 기타 건

2024. 3. 27.(수)

제1호 안건 : 쌴리동 지하1층 GX룸 인테리어 공사 재논의 건
제2호 안건 : 2024년 서울시 공동주택 모범관리단지 지원사업 참여 신청 추인 건
제3호 안건 : 상가 쪽 무단주차 방지 볼라드 설치 건
제4호 안건 : 4기계실 차압유량조절밸브 교체 건(장충)
제5호 안건 : 재활용품 배출 요일 및 배출 시간 조정 건
제6호 안건 : 재활용수거업체 계약기간 만료에 따른 선정 건
제7호 안건 : 경비용역업체 계약기간 만료에 따른 선정 건
제8호 안건 : 청소용역업체 계약기간 만료에 따른 선정 건
제9호 안건 : 소독용역업체 계약기간 만료에 따른 선정 건
제10호 안건 : 기계설비성능점검업체 계약기간 만료에 따른 재계약 건
기타 안건 : 2024년 아파트 음식물 폐기물 RFID종량기 교체 신청 건

2024. 4. 24.(수)

제1호 안건 : 149동 1호기 승강기 노후부품 긴급교체공사 건(장충)
제2호 안건 : 승강기 주요 노후부품 긴급교체공사 추인 외 건(장충)
제3호 안건 : CCTV 및 DVR 긴급교체공사 추인 건(장충)
제4호 안건 : 지하주차장 채광창 누수 보수공사 건(장충)

제5호 안건 : 재활용배출 입주민 민원 검토 건
제6호 안건 : 통합경비 시프템 도입 건
제7호 안건 : 장기수선충당예치금 만기로 인한 재예치 건
제8호 안건 : 소방시설 작동기능점검 지적사항 보수업체 선정 건
제9호 안건 : 2024년 1/4분기 세입,세출 결산보고 건

2024. 5. 22.(수)

제1호 안건 : 2024년 외부 회계감사업체 선정 건
제2호 안건 : 2024년 저수조 청소업체 선정 건
제3호 안건 : 정보통신공사 설계 및 감리업체 선정 건(장충)
제4호 안건 : 계약기간 만료되는 경비용역업체 연장계약 건
제5호 안건 : 2024년 공동주택 지원사업 관리동 어르신쉼터경로당 시설
          보수공사업체 선정 건
제6호 안건 : 원격검침시스템 유지보수업체 계약만료에 따른 재계약 건
제7호 안건 : 승강기 주요 노후부품 긴급 교체공사 추인 건(장충)
제8호 안건 : 소방작동점검지적사항 기기(통신방송설비및자동화재감지
          설비)구입 추인 건(장충)
제9호 안건 : 관리동 대회의실 및 GX룸 에어컨 설치의 건
제10호 안건 : 커뮤니티운영 소위원회 구성 건
제11호 안건 : 입주민 커뮤니티 프로그램 선호도 조사 건

2024. 6. 11.(화)

제1호 안건 : 관리동 대회의실 및 GX룸 에어컨 설치 재논의 건
제2호 안건 : 어린이놀이시설 긴급 교체 관련 건
제3호 안건 : 입주자대표회의 업무방해 고소 관련 건

2024. 6. 26.(수)

제1호 안건 : 하자보수소송 판결금 전유부분(세대) 배부 방안 건
제2호 안건 : 하자보수소송 판결금 공용부분 통합 이용 방안 건
제3호 안건 : 지하주차장 바닥공사 외 공사업체 선정 관련 건
제4호 안건 : 승강기 주요 노후부품 긴급 교체공사 추인 건(장충)
제5호 안건 : 공동체활성화단체(어르신쉼터 경로당) 사업계획서 승인 건
제6호 안건 : 독서실, 경로당 계량기(전기, 수도, 난방, 온수) 설치 관련 건
제7호 안건 : 2024년 전

2024. 7. 24.(수)

제1호 안건 : 2024년 2/4분기 세입세출 결산보고 승인 건
제2호 안건 : 2024년 1차 추가 경정 예산 승인 건
제3호 안건 : 관리비 입금계좌 상품 가입 외 건
제4호 안건 : 관리동3층 독서실 냉난방기 교체공사 건
제5호 안건 : 승강기 주요 노후부품 긴급 교체공사 추인 건(장충)
제6호 안건 : 동문 지하주차장 입구 무소음 트랜치 보수공사 추인 건
제7호 안건 : 소방안전관리대행 용역업체 계약기간 만료에 따른 재계약 건

제8호 안건 : 정보통신공사(CCTV, 로비폰, 슬라이딩도어) 업체 선정 관련 건
제9호 안건 : 경비용역업체 운영방식 결정 및 업체 선정 관련 건
제10호 안건 : LED보안등 신설 및 이설공사 관련 건
제11호 안건 : 하자보수판결금 전유(세대)부분 배부 건
제12호 안건 : 하자보수소송위임계약 변호사 박** 형사고소 건
제13호 안건 : 엘스경로당 회장, 부회장 해임 요청 건

2024. 8. 14.(수)

제1호 안건 : 입주자대표회의 임원(기술감사) 선출 건
제2호 안건 : 지하주차장 도장공사 외 구간별 감독관 선출 건
제3호 안건 : 소방시설 유지관리 사업자 선정 건
제4호 안건 : 조경유지관리 사업자 선정 건
제5호 안건 : 지하주차장 LED공사업자 선정 관련 건(장충)

2024. 8. 28.(수)

제1호 안건 : 승강기 주요 노후부품 긴급교체공사 추인 건
제2호 안건 : 승강기 유지관리 사업자 선정 관련 건
제3호 안건 : 주택화재보험 등 재해보험 사업자 선정 건
제4호 안건 : 단지 내 외곽 울타리 보식공사업자 선정 건(서울시 지원금)
제5호 안건 : 2024년 하반기 RFID음식물종량기 교체 지원사업 신청 건
제6호 안건 : 커뮤니티시설 운영 관련 건
제7호 안건 : 2024년 추석명절 직원격려금 지급 건

2024. 9. 25.(수)

제1호 안건 : 승강기 주요 노후부품 긴급교체공사 추인 건(장충)
제2호 안건 : 지하주차장 바닥 도장공사 관련 안전기술지도 업체선정 추인 건
제3호 안건 : 관리비 운용상품 MMDA 가입 건
제4호 안건 : 커뮤니티 공동체 활성화 단체 구성 승인 건
제5호 안건 : 지하주차장 주차단위 구획면수 증설 관련 건
제6호 안건 : 지하 세대 창고 설치 및 운영 건
제7호 안건 : 층간소음관리위원회 구성 건
제8호 안건 : 출입통제공사 사양변동 관련 건

2024. 10. 23.(수)

제1호 안건 : 승강기 주요 노후부품 긴급 교체공사 추인 건(장충)
제2호 안건 : 하자보수판결금소송변호사 박** 형사고소를 위한 사업자 선정 건
제3호 안건 : 커뮤니티 운영 관련 위탁관리업자 선정 건
제4호 안건 : 전기직무고시에 따른 전기안전점검업자 선정 건
제5호 안건 : 구조안전진단업자 선정 관련 건
제6호 안건 : 정보통신공사 외 안전기술지도 업체선정 추인 건
제7호 안건 : 2024년 3/4분기 세입,세출 결산보고 건
제8호 안건 : 장기수선충당예치금과 하자보수판결예치금 만기에 따른 재예치 건

2024. 11. 28.(목)

제1호 안건 : 승강기 주요 노후부품 긴급 교체공사 추인 건(장충)
제2호 안건 : 소방시설 종합점검 지적사항 보수업체 선정 추인 건
제3호 안건 : 2025년 사업계획 및 예산안 승인 건
제3-1호 안건 : 2025년 시설직원 조직 개편 건
제3-2호 안건 : 2025년 지하주차장 미화직원 4인 증원 건
제4호 안건 : 하자보수판결금소송변호사 박** 형사 고소를 위한 사업자 선정(수의계약) 건

2024. 12. 18.(수)

제1호 안건 : 승강기 주요 노후부품 긴급 교체공사 추인 건(장충)
제2호 안건 : 2025년 사업계획 및 예산안 승인 재논의 건
제3호 안건 : 하자보수판결금소송변호사 박** 형사 고소를 위한 사업자 선정(수의계약) 재논의 건
제4호 안건 : 지하주차장2층 바닥공사 외 공사업체 선정 관련 건(하자보수판결금)
제5호 안건 : 2025년 "희망온돌 따뜻한 겨울나기 성금" 기부 건

2025. 2. 26.(수)

제1호 안건 : 승강기 주요 노후부품 긴급교체공사 추인 건(장충)
제2호 안건 : 지하주차장 2층 바닥공사 외 공사업체 선정 관련 재논의 건
제3호 안건 : 커뮤니티 운영 관련 건

제4호 안건 : 위·수탁관리업자 선정 관련 건
제5호 안건 : 시설물 정밀안전점검업자 선정 추인 건
제6호 안건 : 2025년 직원 설명절 격려금 지급 추인 건
제7호 안건 : 장기수선충당예치금과 하자보수판결예치금 재예치 건
제8호 안건 : 2024년 4분기 세입·세출 결산서 보고 건
제9호 안건 : 2024년 사업실적·결산보고 및 이익잉여금 처분 건
제10호 안건 : 승강기 비상조명장치 재검사비용 반환청구 승인 건

명품아파트는 누가 만드는가?

부록 2.

송파구청 민원접수 현황

아파트 일, 결국은 '민원과의 싸움'이다

아파트 운영을 하다 보면 민원은 피할 수 없는 숙명이다. 민원의 유형도 다양하다.

- "내가 예전에 동대표였을 때는 안 그랬는데!" 하며, 현재 입주자대표회의(입대회)가 자신의 기준과 다르게 운영된다고 불만을 제기하는 전직 임원.
- "이 공고 조건이 왜 이래?"라며, 사업자 선정 입찰 공고가 자신의 이해관계와 맞지 않는다고 반발하는 업체.
- "내 의견을 왜 반영 안 해?"라며, 입대회와 관리사무소가 자신의 요청을 받아들이지 않는다며 반발하는 입주민.

정말 다양한 이유로 구청에 민원이 접수된다.

문제는 '소통 없이 곧장 구청으로 달려간다는 것'

민원의 상당수는 관리사무소나 입대회와 먼저 소통했더라면 쉽게 해결될 수 있는 사안들이다. 하지만 많은 사람들이 문제 해결보다 구청에 신고하는 것이 더 빠르고 효과적이라고 생각한다.

문제가 접수되면 구청 주택관리과 공무원들은 그냥 접수된 내용을 그대로 아파트에 통보한다. 정작 당사자 간 대화만으로도 충분히 해결될 일들이 불필요한 공문과 서류 작업, 그리고 행정 절차의 늪으로 빠져든다.

"이제는 불필요한 민원과의 싸움을 줄여야 한다!"

이제부터 공유하는 민원 접수 및 소명 사례 리스트는, 앞으로 아파트 일을 맡게 될 분들에게 작은 도움이 되길 바란다. 사전에 준비하고 대처하면, 같은 일을 반복하며 시간과 에너지를 소모하는 일은 최소화할 수 있다.

이 리스트를 보며 "아, 이런 유형의 민원이 이렇게 처리되는구나!" 하고 미리 대비해두자.

아파트 운영, 결국은 '소통'이 먼저다. 구청보다, 관리소보다, 입대회보다 '대화'가 우선이다!

번호	접수일	제목
1	2021-04-19	107동 주변 파고라 주변 흡연으로 시설물 훼손
2	2021-04-21	잠실엘스_각종 공사 등 재검토 요청 관련
3	2021-04-27	106동 근처 조경시설물 찌든때 관련
4	2021-04-28	잠실엘스_용역업체 적격심사제 운영 관련
5	2021-05-03	선거관리위원장 임기 연장 관련
6	2021-05-06	잠실엘스_선관위원장 임기 연장 관련
7	2021-05-10	㈜삼오전기 변압기업체 선정 과정 일체
8	2021-05-12	선거관리위원장 임기만료에 다른 선출 관련
9	2021-05-28	잠실엘스_주택관리업자 적격심사 관련
10	2021-05-24	잠실엘스_장기수선계획 조정관련
11	2021-05-26	외벽 재도장 공사 관련
12	2021-06-02	잠실엘스_운영경비 관련
13	2021-06-09	잠실엘스_외벽 재도장공사 관련
14	2021-06-23	잠실엘스_검침업무 지원비용건
15	2021-06-29	잠실엘스_재활용수거업체 선정 및 재계약건
16	2021-07-05	잠실엘스_결산 및 검침수당 관련
17	2021-07-07	2020. 9 도색 관련 장기수선조정 등에 관한 건

번호	접수일	제목
18	2021-07-15	잠실엘스_비대면회의 관련
19	2021-08-20	잠실엘스_7기3차입주자대표회의 관련
20	2021-09-12	입주자대표회의 결과 및 예산안 공개
21	2021-11-02	소방업체 선정 건
22	2021-11-08	세대소화기 구매건
23	2021-11-16	소화기 구매 관련
24	2022-05-18	입주자대표회의 운영
25	2022-07-26	경로당 구성신고
26	2022-09-05	기존사업자 재계약
27	2022-09-27	장기수선계획 수시 조정
28	2022-10-20	잠실엘스 단지 내 상업 행위 방치
29	2022-11-10	엘스, 장기수선충당금 사용 관련
30	2022-12-28	관리규약 개정시 권고사항 반영 관련
31	2023-02-07	엘스 동별 대표자 선출 관련
32	2023-02-21	예산안 관련 자료
33	2023-02-21	홈페이지 변경 관련 자료
34	2023-03-03	직방 전자투표 관련

번호	접수일	제목
35	2023-03-21	경로당 보수 관련
36	2023-03-22	8기 임원선거 관련 회계,행정감사
37	2023-03-27	추가경정예산 관련
38	2023-03-29	추가경정예산 및 기존 사업자 재계약 관련
39	2023-04-07	에어컨 배관 철거 관련
40	2023-04-13	주택관리업자 선정 진행 관련
41	2023-04-18	주택관리업자 선정 관련 선관위 회의
42	2023-04-24	기존 주택관리업자 재계약 절차 및 선관위 업무
43	2023-05-08	아파트 승강기 고장 수리로 인한 손해배상
44	2023-05-12	주택관리업자 선정 관련 등
45	2023-05-23	외부 실외기 화분 설치 관련
46	2023-06-26	적격심사 출석수당 지급 등
47	2023-10-10	회의록 작성방법 개선 요청
48	2023-12-05	관리규약 개정사항 협의 관련
49	2023-12-22	입주자대표회의 의결 없이 업체 선정
50	2024-01-04	입대의 의견 무효 관련
51	2024-02-01	다목적실 무단 사용 금지

번호	접수일	제목
52	2024-02-20	사업자선정 지침 준수 철저 요청
53	2024-03-15	주차관리 규정 개정
54	2024-04-04	아파트 게시판에 소장 퇴사를 압박
55	2024-05-02	입주자대표회의 의결 없이 회의실 위치변경
56	2024-05-08	선거관리위원회 선출 관련
57	2024-05-08	경비용역 업체 선정
58	2024-05-21	초과차량 주차비용 부과 관련
59	2024-05-28	경로당 지원금 지급 관련
60	2024-06-11	정보통신공사 설계감리업체 선정 입찰공고문
61	2024-06-11	경로당 지원금 미지급 관련
62	2024-06-13	정보통신공사 설계감리업체 선정 입찰공고문
63	2024-07-04	지하주차장 기술능력 제한
64	2024-07-20	공용시설물 유지보수 공사 관련
65	2024-07-23	경비용역업체 운영방식, 엘스경로당
66	2024-07-29	경비용역
67	2024-09-04	자료 열람 복사 관련
68	2024-11-28	회의록 작성 공개 관련

번호	접수일	제목
69	2024-12-11	CCTV 교체 공사 중 입주민 안전 문제
70	2025-01-23	민원사항 관련 (단지 내 공사 관련) 조치 요청
71	2025-01-24	엘스경로당 지출 관련, 5구간 자재 관련자료
72	2025-02-05	엘스경로당 지원금 중단 관련 재 요청
73	2025-03-05	9기 동대표선출 투표방법 민원